La piedra en el corazón

Luis Mateo Díez

La piedra en el corazón

(Cuaderno de un día de marzo)

Galaxia Gutenberg
Círculo de Lectores

Para María Luisa Herrero, desde el Balcón

I

NOTAS DE LA NOCHE

1

Cuando Liceo llegó a casa la noche de aquel once de marzo, tenía varias llamadas de Nima en el contestador del teléfono, pero ella no respondió a las suyas, su teléfono sonaba sin que nadie lo cogiera.

Soy tu hija, quiero verte, repetía escuetamente.

Todas las preocupaciones de Liceo confluían en la desolación de la jornada, todavía el estupor no abría otra alternativa al peso de lo que continuaba pareciendo un suceso irreal que hundía la propia realidad urbana, como si en el silencio atónito de las gentes se intensificara la soledad de su indefensión y el dolor de las desapariciones, entre las noticias que modificaban gravemente los datos del atentado.

2

Dejó el portafolio, se quitó la corbata, refrescó la cara y todavía en la imagen del espejo, la nariz más afilada y la oscuridad de la barba que adelgazaba el rostro como si en el crecimiento se lo contrajera, observó lo que en su mirada socavaba la angustia: la arandela de los ojos cansados y el contraste del brillo diminuto de una lágrima que no había brotado, una esquirla de cristal en el iris.

3

No tengo la facilidad del llanto, jamás lloré por nada, habiendo tenido como he tenido razones y ocasiones más que suficientes para haberlo hecho a lo largo de mi vida, escribió muchas horas después en uno de los folios que guardaba en la mesita, al lado de la cama, y donde con alguna frecuencia hacía sus anotaciones antes de apagar la luz e intentar conciliar un sueño que normalmente se le resistía.

Y, sin embargo, esta media mañana, siguió escribiendo, cuando Mario abrió la puerta del despacho y me dijo: la cuñada de mi hermano no llegó al Instituto, está confirmado, no hay noticias de ella, el móvil no comunica, la conmoción que me impedía casi levantarme cedió a lo que parecía una lágrima que iba a enquistarse, como si una esquirla de cristal me hubiese saltado a los ojos porque algo se hubiese roto.

4

Había salido de casa a la hora habitual y cualquiera de los trenes, probablemente el que coincidía en el viaje exacto de cada mañana, la había llevado hacia el destino de la estación más cercana al Instituto, donde era profesora.

Ese tren, ese destino...

Mario tardó un momento en cerrar la puerta del despacho. La noticia no era un aviso sino una confirmación, como bien decía: lo que algún familiar le acababa de decir, sin que hubiese otra alternativa que la de hacerse a la idea de que en el viaje cotidiano había una variación que rompía la lógica de su sentido. En la incertidumbre de la noticia se percibía la presunción de la desgracia...

Hay un camino anónimo, trivial, en las mañanas laborales, y de esa rutina se llenan las huellas que nos rescatan del sueño, como si en las primeras horas de cada día fuese más imposible que nunca el desvío que pudiera trastocar nuestra existencia, por mucho que en ese camino se acumulen las primeras fantasías o se sienta con mayor intensidad el vacío que promueven las secretas frustraciones.

Alguien dijo que es a esa primera hora cuando viajamos de la nada a la pobreza de lo que de veras somos, cuando se emprende el esfuerzo de salir a flote en la más extrema soledad.

Un camino tan anodino como crucial, que es el que nos recobra para que poco a poco podamos adueñarnos de nosotros mismos...

5

Todo lo que se ha roto, lo que con su consistencia forja en la rutina el hábito de vivir y convivir, ese bien de lo que somos y de lo que hacemos en la normalidad de cada día, y que fortalece el propio ritmo de la realidad, como si la vida adensara la existencia en la compaginación de nuestros destinos y, entre todos, la hiciéramos más sólida, convertida en pedazos de pronto, con el golpe imprevisto de la destrucción que parece más fácil que esa consistencia, como si se demostrara la fragilidad de nuestros bienes, el desamparo de nuestras convicciones y conciencias, el discurrir de lo que la convivencia edifica en el destino de la propia ciudad que habitamos y de la realidad que nos pertenece...

6

La esquirla, la lágrima...

La desaparición de la cuñada del hermano de Mario, una más entre las desapariciones que todavía siembran la incertidumbre y la verificación, todas las imágenes que la mirada inquieta devuelve en su cansancio, como si se sobrepusieran en un gesto de estupefacción que reprime lo que el dolor todavía no logra hacer comprensible.

Algo que se rompe, todo lo que se ha roto...

El reflejo más fiel del pensamiento es el que incita al recuerdo de las rupturas imprevistas. La fidelidad se orienta a la convicción de la fragilidad. Es imposible sentirse menos indefensos.

Todo puede romperse y estallar y desaparecer en un instante perdido entre los momentos de nuestro extravío, apenas recién despertados, cuando todavía no vamos a ningún sitio o comenzamos a ir donde habitualmente nos llevan.

7

Liceo intenta aliviar con un colirio lo que está mirando, el escozor o la desazón de los ojos, mientras persisten esas imágenes del horror en las pantallas de los televisores donde se repite el eco de las sirenas, el gesto mudo de quienes las escuchan, el silencio que procrea una onda de inquietud en las calles donde la noche ya no tiene realidad que albergar.

8

Volvió a la calle, decidido a acercarse a la casa de Nima, aunque el desánimo hacía más costoso el esfuerzo de salir, pero también estaba convencido de que no lograría dormir ni descansar.

Mario se había comprometido a llamarle, fuese la hora que fuese, cuando hubiera alguna noticia de la desaparecida.

La llamada se produjo al filo de la madrugada: han reconocido el cadáver, mi hermano me lo acaba de comunicar, dijo Mario, sin que Liceo lograra articular otras palabras que las que certificaban la resignación de lo previsible.

Y fue entonces cuando retuvo, sin la solvencia con que tantas veces funcionaba su prodigiosa memoria pero con la suficiente nitidez, la estela que delimitaba una figura en una fotografía festiva, probablemente de una boda o un bautizo o alguna otra celebración.

La fotografía estaba encima de la mesa del despacho de Mario. Un rostro en la lejanía, no en la primera fila, una mirada que llamaba la atención, una melena rubia.

Mario había dicho, al retomar la fotografía de sus manos, antes de que él hiciese ningún comentario: una cuñada que pudo ser su mujer, dos hermanas entre las que resultaba difícil elegir, y Liceo tardó un momento en percatarse de que Mario se refería a su hermano y a las dos hermanas que en la fotografía ocupaban los lugares más distantes.

9

A Nima la encontró sentada en un banco en el jardincillo cercano a la casa. Según caminaba, se le ocurrió atravesar el jardincillo, donde no era la primera vez ni sería la última en que descubriría y recogería a su hija.

Estoy bien, te juro que no he hecho nada raro. Te estaba esperando, sabía que no me ibas a fallar.

Podía ser el mismo banco de alguna de aquellas ocasiones en que derivaba la crisis. El cuerpo derribado, caída la cabeza al borde del asiento, como si estuviese desprendida del cuerpo. O abatido sobre el respaldo, torcida la cabeza como si el cuello se le hubiese roto, extendidas las manos en el asiento y, alguna vez, el cristal de la botella entre los dedos heridos.

10

He pasado el día pegada al televisor, desde que te dejé esta mañana, y de pronto me di cuenta de que no podía seguir viendo lo que sucede, imaginándolo o soñándolo, sin pastillas ni alcohol, te lo puedo jurar, sólo hago que fumar y pensar y durante horas no logré moverme, apenas alargar la mano, alcanzar el teléfono, dejarte una llamada.

Nima no le miraba.

Era el mismo banco, podría asegurarlo: el cuerpo vencido en el respaldo, la cabeza torcida como si el cuello se le hubiese roto, no como ahora que permanecía erguido, la tensión visible que le hacía alzar la cabeza, las manos temblorosas sobre el pecho y, entre los dedos de la izquierda, el cigarrillo que se iba consumiendo sin que la ceniza se desprendiera.

11

No es el rostro de mi hija el que recobra esta curiosidad con la que tan a menudo intenté apreciar su estado, escribió Liceo, ese rostro que tan insistentemente vigilaba Aurea, de modo que en la inspección de la mirada no era disimulable su actitud policial, y no con menos insistencia Nima descubría esa actitud y en seguida se rebelaba indignada, como si en la advertencia de los ojos restallara la suspicacia y la incomprensión, que una y otra manejaban transfiriendo la congoja de lo que siempre acababa siendo una especie de contienda silenciosa, llena de incertidumbre por parte de Aurea, alimentada por el juego de la tensión y las sospechas en que Nima llegó a ser una auténtica virtuosa, nada resulta más contradictorio ni hay terreno más minado que convivir en la anormalidad como si todo fuese normal, esforzarse en la apariencia de que no pasa nada, de que todo está en orden, cuando el desorden sopla como el viento en las ramas que sin embargo no se mueven...

12

La anormalidad como una rutina asimilada que, para establecerse, necesita la convención de la mentira o, al menos el esfuerzo del disimulo, escribió Liceo.

Es una situación que crea extrañas complicidades, que precisa construirse aceptando unas pautas de comportamiento donde la sinceridad se deja de lado, como en el momento de esas educadas relaciones en que la convivencia exime de la verdad: hay que saber guardarse de lo que opinamos u opinan, la mano que saluda tiene el mensaje de la ceremonia aunque fácilmente se convertiría en garra.

El desorden impone continuamente la contradicción. En realidad, ese pleito irresoluble entre el desorden y el orden, esa pugna dolorosa que la enfermedad imprime como una huella desalentadora, se expresa en la contradicción, es la contradicción misma del vano intento de que lo normal sea anormal o lo anormal normal, como si la vida se deslizara en una doble pendiente que se distancia y se acerca: la misma velocidad de la caída, el resultado de igual abismo.

13

Estoy peor que nunca, te he mentido, dijo entonces Nima, pero Liceo, que se había sentado en el banco a su lado, escuchó aquellas palabras con la lejanía de un eco en el estruendo de todas las voces que se confundían entre el silencio de la jornada, la urgencia de los requerimientos, un grito contenido, la última noticia expresada como una confidencia, el mismo murmullo en la cola de los donantes de sangre que, como todo lo que sus oídos pudieron percibir, era una suerte de monodia que se contraponía al silencio petrificado que iba reconvirtiendo el vacío de la ciudad, como si ni siquiera sus habitantes lograran que la ciudad existiese o que ellos mismos mantuvieran la vida ante la indignidad de tantas muertes, mientras el cómputo de las mismas todavía era variable, lo que quería decir que el cómputo de la muerte era cada poco una cifra distinta en el vacío de la ciudad que aumentaba con cada desaparición.

14

Nunca peor, dijo Nima.

La miseria de mi sufrimiento me hace sentir más miserable.

Esta mañana, cuando estábamos en la Cafetería ¿de qué pudimos hablar, qué importancia tenía lo que pudiéramos decirnos...?

15

Liceo tuvo dificultades para recordarlo, en realidad no le era posible recordar nada, había una imprecisión total en la memoria de aquellas primeras horas, las palabras de siempre, supuso, los requerimientos y las reconvenciones, la mirada de Nima, eso sí, el vidrio de las pastillas, el cigarrillo tembloroso, un botón suelto a la altura del cuello del abrigo, y el movimiento que se produjo en el local, la inquietud que alteraba ese otro rumor de los que compartían el desayuno.

16

Se puso de pie, con un disimulado movimiento de vacilación, dio unos pasos por el jardincillo.

Gracias por venir, dijo.

Liceo tardó un momento en seguirla. Ella caminaba despacio, los brazos apretados al pecho, las piernas desnudas, la falda arrugada, la rebeca que remarcaba los huesos de la espalda, esa altura del cuerpo desarbolado de Nima que, visto desde detrás, tanto se parecía al cuerpo desarbolado de Aurea, hasta el borde de la misma melena que tenía igual caída.

Fue tras ella pero sin alcanzarla, sin ponerse a su lado. Se dio cuenta de que no llevaba abrigo y le pareció, como siempre, que el olvido era otro dato del despiste, la misma variación del extravío en casi todas las cosas de la vida, y tuvo la certeza de que lo habría dejado en cualquier sitio, nada de lo que Nima pudiera tener estaba donde debía, nada respondía a la voluntad de una dirección y un orden y una capitulación que estableciesen alguna pauta razonable.

17

Caminaba por la acera, el jardincillo estaba muy cerca de su casa, y sólo en un momento, cuando los pasos la alejaban mientras Liceo la veía irse, se volvió y pareció animarle a que se diera prisa, al tiempo que su cuerpo se estremecía con el escalofrío de la humedad.

18

Esa niña huérfana, escribió Liceo, mientras retenía la imagen de Nima aguardándole al pie del portal, la misma imagen temblorosa que provenía de una adolescencia en la que el naufragio sería la huella eterna de su edad, como si no fuera posible otra edad y otra circunstancia, aunque la imagen en seguida se desvaneció, y Liceo se dio cuenta de que podría pertenecer a la de una niña desconocida que surcaba veloz la pantalla del televisor en algún momento.

Era un sentimiento que Liceo tenía muy asumido y que se repetía desde hacía mucho tiempo, casi antes de que en Nima brotaran los primeros indicios de la enfermedad.

Mi niña huérfana, la llamaba a veces, y la niña que desconocía el significado de la palabra se le cogía al cuello como si presintiera una amenaza de abandono.

Un sentimiento que se ajustaba a esa imagen de orfandad y pérdida que, por alguna misteriosa razón, expresaba muy bien el cuerpo de Nima, como si todo en él mostrara la melancolía de un afecto sin dueño, la emoción de un amor sin propietario, cierta previsión de desamparo que no se podía constatar a simple vista, pero que irradiaba como un halo o un perfume.

19

Igual que Aurea, la misma razón de un amor del que me hice dueño, pensó Liceo más de una vez, sobre todo cuando Nima estaba bien y, tras algún paseo, la veía alejarse, o la veía venir cuando la esperaba donde se habían citado, y ella con su aire de despiste y extravío caminaba sin descubrirle.

20

Te prometo que subo y me acuesto, dijo Nima.

Estoy peor que nunca, pero hoy es por la misma razón por la que todos estamos peor que nunca…

21

Se quedó solo, viéndola desaparecer en el portal, indeciso de seguir tras ella o darse la vuelta y reemprender el regreso a su casa, necesitado de que, al menos, le hubiese dado un beso o le hubiera permitido alcanzar su rostro con una caricia y, de ese modo, reconocer lo que tan costosamente se gana y se pierde, la delgadez azulada de sus aristas que facilitaría su identificación, y un tacto helado de química y sueño que le haría estremecerse, como tantos de los que en la noche verificaban el reconocimiento de los cadáveres queridos…

22

Nima muerta, entre los muertos, escribió.

23

La noche culminaba el vacío, pero en el silencio petrificado todavía podía escucharse el eco de una ambulancia, como el sonido de una raya en la oscuridad o la huella que labra un signo de dolor y urgencia en el asfalto.

II

NOTAS DE LA CAFETERÍA

1

La mirada de Nima tiene el vidrio de las pastillas, esa humedad que trasluce un brillo de lejanía y ausencia parecido al de las tardes lluviosas que se reflejan en los cristales de las ventanas.

La química recompone el ánimo para amortiguar la ansiedad, y en la disolución que lastra la saliva y se esparce entre los jugos y los músculos como un aire ligero que lleva briznas de barro blanco, cristalizan algunas partículas que siembran de diminutos fulgores el vertido de su cuerpo enfermo.

2

Lo que el cuerpo debe al alma, piensa Liceo.

Lo que la carne alberga del espíritu maltrecho de mi hija.

Esta mezcla que tan visiblemente compromete la materia temblorosa que desorienta el movimiento de sus manos, apenas capaces de rozar las mías, y la reserva que en los ojos cobija el espíritu con ese otro temblor de la luz que se apaga, como si el cuerpo y el alma avalaran la misma deuda de su decadencia: el largo camino de tantos años en los que su carne y su espíritu fueron cobrando el desgaste de su padecimiento.

3

No podría olvidar la delgadez azulada del primer descubrimiento, hace tanto tiempo, cuando todavía Nima era una adolescente, y en la playa la vimos venir con el bikini como un retal, y el arco de los huesos sujetando lo que se alzaba en el cuello de grulla: el perfil de los pómulos, los ojos salidos, la frente apretada por las sienes.

Ese cuerpo que tan absurdamente desconocíamos es una aparición contrapuesta a la piel sonrosada de la niña que dormía en mis brazos, el más lejano recuerdo de la infancia de Nima, su aroma de colonia y sueño o de lana y azúcar, la mayor contradicción del recuerdo y los huesos azulados que remarcaban la piel como si expandieran una febril fosforescencia sobre la arena de aquella playa por donde venía corriendo, cubierta por el retal amarillo que apenas servía de nada en el garabato de su cuerpo.

4

Ni el cuerpo ni el alma, se reprochaba Liceo en sus pensamientos más pesarosos, pero no es el alma lo que cualquiera percibe desde esa cercanía privilegiada de los afectos familiares y, sin embargo, el cuerpo es irremediable, no se puede convivir con alguien sin que se imponga su presencia, aunque en el comportamiento de Nima siempre existiera un gesto arisco de prevención y lejanía.

Estábamos ciegos, o en el modo de administrar esa prevención, esa independencia con la que Nima marcaba en la vida familiar unas pautas de relación que se aceptaban sin que nadie las considerase siquiera, ejercía una habilidad extrema, a la que habría que añadir su vigilancia y manipulación.

No existió su cuerpo hasta que aquella tarde descubrimos lo que sostenía la desnudez de una materia azulada y sarmentosa, en la que poco a poco, según se acercaba, palpitaba con mucho esfuerzo la mirada de Nima.

5

Es el vidrio de las pastillas.

Los diminutos fulgores de la cristalización recomponen esa llama de la mirada mojada, en la que Liceo distingue el efecto de la química y la huella del alcohol y el café, un tamiz que en la incipiente mañana no cede por completo lo que la noche retuvo: el insomnio roto y recompuesto, los jirones del sueño como restos de vendas infectadas y pañuelos que limpiaron el sudor de la fiebre, aunque en la noche no fuesen la fiebre ni la herida quienes atormentaban el vacío de la cabeza de Nima, sólo la angustia como un resorte que contraía el vientre y hacía girar el hueco de las entrañas.

El espíritu maltrecho de mi hija, piensa Liceo al mirarla.

Esta mirada, esta cara que ya no reproduce aquellas líneas adolescentes que se fueron diluyendo en la transformación juvenil con sorprendente diversidad, y que más tarde recuperaron algo de lo que concernía más al gesto que a la fisonomía propiamente dicha, como si excluida la reproducción no lograran despejar del todo el brote de amargura en la comisura de los labios, la inocencia de un sufrimiento que no fue Liceo el primero en percibir sino Aurea, su mujer, mucho tiempo antes del penoso descubrimiento en la playa.

6

Vino Nima, dijo Aurea cuando la niña no había cumplido once años, y no hizo otra cosa que sentarse en el suelo de la habitación con la coleta cogida de las manos, tirando de ella hasta hacerse daño.

Esa imagen les persigue, no con la exactitud de la misma porque el recuerdo no la graba de ese modo, sino con la conmoción de las observaciones desapercibidas que se reciclan en su inocuidad hasta recomponer las sucesivas instantáneas de una dramática advertencia.

No existe mejor coartada que la normalidad, nada hay de raro en lo que sucede en la inconsciencia de las cosas triviales de cada día.

La normalidad difumina la conciencia y contribuye a que todo sea anodino.

Estamos tan habituados a vernos en la convivencia cotidiana que, en alguna medida, dejamos de existir, nos hacemos anónimos. La rutina borra nuestros actos, nuestros movimientos, lo que se repite se extingue y no hay otra huella de la repetición que la marca desvaída de la memoria.

Fue lo primero que llegamos a apreciar, dijo Liceo, aunque no éramos nada observadores y tardamos demasiado en percatarnos de lo que el daño suponía en la niña: un esfuerzo absurdo que se fue multiplicando sin que las lágrimas lo delataran y, sin embargo, en los momentos de rabia la coleta temblaba en sus manos como si la hubiese arrancado.

7

El daño, de esto quería hablarte una vez más, pensó Liceo cuando Nima entró en la Cafetería aquella mañana de marzo y, por un instante, sus ojos le buscaron en la atmósfera caliente que agolpaba el rumor de los desayunos: la figura huidiza que no mostraba ninguna decisión para acercarse, el motivo de no localizarle en seguida para darse la vuelta e incumplir la promesa de venir a charlar un rato, cualquier detalle serviría de justificación, nada me apetece menos.

El daño, musitó Liceo, mientras ella le localizaba y en el brillo de los ojos la salpicadura de las briznas remarcaba la lejanía, algo a lo que él estaba muy acostumbrado, ya que esa percepción era la más patente de las crisis: el cristal mojado determinaba una enorme distancia en la mirada, en realidad Nima miraba desde un más allá que no interponía la conciencia ni la memoria, sino el desgaste de su perdición en el sueño, los restos más turbios de la noche reciente.

Era el asunto que obsesionaba a Liceo, y en sus labios la palabra se había convertido en la enseña que mejor expresaba la preocupación y el temor, por eso la repetía habitualmente, a veces sin llegar a pronunciarla.

Decía daño y sentía que el dolor derivaba en el detrimento que para todos suponía la enfermedad de Nima, el menoscabo de sus vidas desde la contemplación de la desgracia.

De eso quiero hablar, no de la pena sino del perjuicio.

8

Tardó en acercarse, sorteando las mesas apiñadas, como si al temor de los pasos, a la falta de decisión, se sumase el desánimo de haber accedido al requerimiento de su padre: nada que decir, ningún deseo de volver a escuchar parte de lo mismo, no me encuentro en la mejor disposición...

El aroma de los desayunos espesaba la atmósfera de la Cafetería a aquella hora primeriza de la mañana. Olía a la disolución del café con leche que se derrama de las tazas mientras se deslíe el azúcar que revuelven las cucharillas.

Nima aflojó el botón del cuello del abrigo.

La disolución goteaba en el estómago, la misma leche derramada cuando al levantarse intentó calentar una taza, el café frío del día anterior, la arandela de suciedad, los posos que parecían arena...

9

Abrir los ojos, acostumbrarse al esfuerzo de comprobar en el desorden de la luz, que los cristales tamizaban entre las escorreduras pringosas, el discurrir del desorden de la noche, donde el eco de la conciencia resonaba en el remordimiento de su indefensión, como si se sintiera golpeada por ese vislumbre de una realidad inmediata que supuraba la mugre de la alcoba.

No era fácil huir del sueño, de suyo resultaba lo más costoso en el inicio de cada jornada, el despertar no marcaba una ruptura precisa, apenas la premonición de aquella lejanía que en las crisis determinaba su mirada, como si el sueño no acabara de ceder su frontera, y el cieno que lo esparcía en la densidad de las noches interminables embadurnara su mente, la conciencia, el cuerpo, el espíritu, lo que Liceo no sería capaz de imaginar pero sí de sentir, la presunción de ese daño que guardaba el secreto en el corazón de Nima.

10

La tarde anterior Liceo, después de atender la llamada de Aurea, prometió que concertaría un encuentro con Nima, una vez más para seguir dándole vueltas a lo mismo, con el vano intento de convencerla para que volviera a la consulta del doctor Cremades: no hay más tabla de salvación, no queda otro recurso habiendo llegado tan lejos como ahora está, ni te la puedes imaginar...

La tenemos perdida.

Ésa era la constatación desde hacía mucho tiempo, sobre todo desde el rebrote de la enfermedad en el último año.

Voy a obligarla a que baje a la Cafetería, ni siquiera le pediré que se mueva del Barrio: o decide verme o subo por ella, déjala de mi mano.

Entre las últimas llamadas a Nima no había ni un cinco por ciento de respuestas, el teléfono sonaba o emitía la señal de estar comunicando, siempre sucedía lo mismo hasta que, de pronto, el día menos pensado, la voz de la hija recobraba un saludo que pretendía establecer la normalidad inexistente.

Tienes a tu madre muy preocupada, solía decirle.

Es su problema.

El mejor modo de hacerle daño.

No me hables de responsabilidades. La culpa de que se quedara sola no es mía.

Nadie culpa a nadie.

Ella te culpa a ti de abandonarla.

No fue un abandono, no hables de lo que no sabes.

No hablo de nada, tengo pocas ganas de hacerlo. La preocupación ya no debiera formar parte de esta historia.

Somos tus padres.

Podéis dejar de serlo, como hija no merezco la pena.

Llámala, hazme el favor, te necesita.

El día que dejemos de necesitarnos, los tres estaremos mejor.

11

El daño, repitió por enésima vez.

Las cuentas del sufrimiento llenaban el ánimo de Liceo.

Una contabilidad que en su cabeza semejaba los números de las evaluaciones presupuestarias, como si pudiera cuadrarlas con las cifras del perjuicio y el menoscabo, de modo que al sumarlas encontrase la referencia de tantos réditos y pagos comprometidos, las sumas de una inversión en las que la generosidad se contrastaba con el detrimento, un ejercicio económico y moral impropio de los negocios, pero susceptible de provocarle algún consuelo o, al menos, un aliciente de resignación.

El daño contiene la derrota de lo que nos sucede, llegó a pensar, y en esa constatación los frutos de la contabilidad se parecían a los de la experiencia, tras tanto tiempo dándole vueltas a lo mismo, como si en el destino de su hija no hubiese otra alternativa que la obsesiva consideración de las cifras del padecimiento, la rentabilidad de su oscuro patrimonio.

12

Ahora me gustaría hablar contigo de esto, le dijo a Nima cuando se sentó frente a él, en el momento en que en la Cafetería hubo cierto revuelo, como si alguien acabase de comunicar algo extraño, acaso una noticia que causaba inquietud.

Liceo alzó los ojos y de modo inconsciente llevó la mano al pecho, a veces percibía el aviso de las palpitaciones y sujetaba con dificultad el temblor de los dedos.

No sé, dijo Nima. No entiendo para qué me llamas, ni tengo ganas de hablar ni me apetecía verte. Mi madre es una pesada.

Hablar contigo, volver otra vez a lo mismo. Esta idea que me obsesiona y no logro liberar, como si encima de la preocupación y el desgaste, la mínima lucidez fuera imposible y me entretuviese con un concepto que fijara alguna comprensión, el vano intento de entender algo, cuando todo se reconduce al absurdo, y la desesperación es el fruto no sólo de la desgracia, sino de la indefensión y la ignorancia.

El daño, hija mía, parece la palabra adecuada, quiso decir Liceo, y a lo mejor si nos pusiéramos de acuerdo en una palabra, en un concepto, podríamos acercarnos a esta situación en la que estamos comprometidos sin que ninguna palabra signifique nada preciso, sin que exista una frase de consuelo y entendimiento, ya que de tanto hablar sin llegar a nada estamos peor que nunca.

Entonces ¿no quieres que hablemos...?

Estoy muy cansada.

Dejar a Cremades ¿es definitivo...?

Mantengo la medicación, cualquier día vuelvo, no os preocupéis más de lo necesario. Ahora no prometo nada, no soy capaz de ninguna cosa. Me levanto de la cama con mucho esfuerzo, la mayor parte del día estoy dormida, y luego las noches las paso en blanco.

Bebes.

Busca otra palabra. Daño no me gusta.

13

Ésa era la mejor descripción del sueño, la noche en blanco que no comportaba una vigilia consciente, la impostura de ese acto en el que ni el cansancio que cerraba los párpados de Nima era suficiente para diluir la conciencia, difuminar la memoria, sentir que se apagaban las inmediatas percepciones del tacto, el olfato y el oído, la aspereza de la lana de la manta, el olor de los desperdicios en la cocina, cuya puerta dejó abierta, el ruido del agua en el inodoro estropeado, algún eco en el interior del inmueble, un timbre, la parada del ascensor...

La noche en blanco.

El sueño no ganaba la totalidad de su requerimiento, no secuestraba a Nima, pero tampoco la abandonaba, era como si el trance de su acto fuese la mentira que incrementaría su extenuación, dormir sin el aliciente de esa inconsciencia que nos borra del mundo, dormir sin ninguna ganancia, ni siquiera la de sentirse arropado en el incierto más allá que predice la muerte, si es verdad que el sueño la orienta de la única forma benigna en que podemos conocerla.

14

El vidrio de las pastillas, la lejanía lluviosa.

Los ojos de Nima rozaron la frente de Liceo que acababa de arrugarse, y en el gesto huidizo de los mismos, que Liceo cazó como la sombra de un pájaro mojado, percibió lo que el desvarío insinuaba en la distancia de su aflicción, pero también esa dureza que sostenía el orgullo de su enfermedad, como si en el malestar de Nima hubiese una férrea convicción que la hacía dueña de unos poderes radicales.

Entonces Liceo recordó alguna conversación sobre el orgullo y la enfermedad, mientras entre el silencio que los mantenía clavados, uno frente a otro, se solidificaba la tensión de verse juntos, en aquella cercanía de la mesa que no atendía el camarero, a quien Liceo volvió a hacer una seña.

15

Es mi razón y, a lo mejor, hasta mi privilegio, había dicho Nima, tal vez en alguno de los días en que su inteligencia parecía más recargada de lo acostumbrado, aunque la inteligencia nunca dejó de ser el arma fundamental de su personalidad, esa sustancia espiritual que nutría el conocimiento y desnivelaba la lucidez porque entre las contradicciones afectivas el equilibrio resultaba imposible.

Lo que me pasa es irremediable y, poco, a poco, me voy haciendo a la idea de que no merecería la pena que fuese de otro modo. Es lo que soy, es lo que tengo, casi comienza a ser lo que quiero. La razón de que exista de esta manera, de que mi vida no tenga otra suerte u otro destino, qué le voy a hacer. No me voy a considerar una desgraciada porque me haya sucedido así, podría hasta sentirme orgullosa de serlo. Y no me gusta que me hablen de la enfermedad, no quiero sentirme enferma, no estoy enferma, puedo estar peor que nadie, hundida, hecha un guiñapo, pero no enferma.

16

La otra palabra podría ser sufrimiento, dijo Liceo, pero en aquellas ocasiones, cuando Nima hablaba con la inteligencia recargada o, en el peor de los casos, con ese otro grado de iluminación en el que resultaba difícil determinar la incidencia del alcohol o las pastillas, los conceptos no hacían mella, las propias palabras contrapuestas no obtenían ninguna consideración: déjame decir lo que quiero, no me cortes, no me vengas con pamplinas...

Esa convicción, ese orgullo, pensaba Liceo.

Es algo que no logro soportar, decía Aurea, no entiendo de lo que habla, no lo aguanto. Ya es el colmo verla prevalecerse de su propia desgracia, como si lo que le sucede no fuese en demérito de su felicidad, o no entienda que la enfermedad tampoco es un oprobio, nadie se siente agraviado por estar enfermo, condolido o desesperado es otra cosa.

Se defiende, aseguró Liceo, y hay que comprenderla porque en esa defensa invierte parte de su desazón, la rabia de verse desnuda, como si el propio mal la mostrara en lo más secreto de sí misma, en lo más íntimo, lo que nadie se resignaría a que fuera no sólo observado por los otros, visto o descubierto.

No sé, la desazón segrega la indignación.

Esa alteración de la salud, a la que no quiere llamar enfermedad, porque no se resigna, también es una pasión dañosa, como bien sabemos y corrobora Cremades. La alteración también es moral y espiritual. Lo que el alma debe al cuerpo, lo que el cuerpo debe al alma. La mente es la vigía del trastorno, el centinela que Nima tiene en su interior...

17

Acaso el indicio más lejano de la enfermedad de Nima, y no hay razón para no seguir usando esta palabra, por mucho que ella la discuta o, al menos, le desagrade, no fue ya la actitud de la niña que tiraba de la coleta hasta hacerse daño, hasta que el dolor, en algún momento, hacía brotar las lágrimas y en el temblor y el llanto inmediato poco a poco se iba sosegando, como si estallara ese límite diminuto de su intranquilidad, un objeto precioso que apreciara, una bola de cristal, por ejemplo, rota al caerse de sus manos, destrozada en el suelo, las esquirlas brillantes de sus colores y la mirada de la niña encontrando la placidez en ellas, como si la bola debiera haberse roto para ella quedar tranquila...

El primer indicio era la lejanía, la distancia con la que poco a poco, y en contadas ocasiones, la niña se separaba de todo, aun en los momentos en que la propia madre la apretaba entre sus brazos o el padre le acariciaba la cabeza después de darle un beso.

Una persona se convierte en un objeto.

Hay un momento en que Nima no existe entre nosotros, aunque sea una forma exagerada de decirlo ¿cómo demonios no va a existir?, es la lejanía que nada tiene que ver con la capacidad de abstraerse, ni siquiera con una actitud de ausencia, el vuelo ensimismado de quienes tienen esa capacidad de flotar en sí mismos.

La lejanía es una forma de desaparición, en la que el cuerpo cobra la solvencia inanimada de la materia, la condición de una estatua inexistente, mientras nada circula en su interior, como si el objeto disolviera cualquier palpitación y, sin embargo, ese anonimato no proviene del beneficio de la meditación o el pensamiento suspendido, sino de la tensión que oprime y la angustia que agota la voluntad de estar vivo.

Un objeto.

Aquella niña lejana, que en tantas ocasiones se hizo invisible...

¿Cuánto tiempo pudimos tardar en sentir, sin que apenas se revelara, la primera inquietud, un atisbo de la desazón que pudo provocarnos la idea de que a Nima nos la robaban, el sentimiento de que con la pérdida se produciría el mayor sufrimiento posible, ya que el robo era lo que con alguna reincidencia se contaba en los cuentos que menos le gustaban?

Vienen esos hombres que se llevan las niñas, decía Liceo alguna noche al acostarla, pero ninguno es capaz de llevarse la mía, porque mi niña vuela en el sueño donde ninguno la puede alcanzar.

No me lo cuentes, decía Nima, fingiendo asustarse.

No le cuentes esas cosas, ordenaba Aurea.

Lejos. Ésa era otra contabilidad en la procedencia de los daños, en la evaluación de los perjuicios.

Una niña ajena, dijo Aurea alguna vez.

18

No me acuerdo, dijo Nima, y en la forma de esquivar algún requerimiento dirigido a sonsacar la confirmación de un secreto muy lejano, de una sensación antigua o una emoción recóndita, había cierto escepticismo, como si en la respuesta se mostrara la incomodidad, y en la reincidencia del requerimiento un efecto parecido al desprecio.

No voy a discutir si fui o no fui una niña feliz, no sé si alguien podría decírmelo. De la niña que fui tengo pocos recuerdos, ni gratos ni ingratos. Cuando me veo en alguna foto de aquella edad no me reconozco, a veces me reconozco mucho mejor en otras fotos de niñas, en cualquier libro, en cualquier revista o en la imagen de una película o un documental.

19

¿Dónde estás...? le decía su prima Medina, siempre tan bulliciosa y jugadora, en un vano intento de rescatarla, cuando en aquellas tardes de invierno se quedaba con ella a la vuelta del Colegio y, al cabo de un rato, la miraba enfurruñada, como si la falta de participación de Nima en el juego expresara su aborrecimiento.

No estaba en ningún sitio, no había otra constancia de su ausencia que aquella sonrisa helada que llegaría a romperse cuando, en algún momento, se encogiera de hombros o al abrir la mano el objeto que en ella tuviese aprisionado cayera al suelo, como si en el límite de la presión le quemase.

20

La mayor tristeza, dijo Aurea, y en esto te doy la razón, porque es casi imposible que no nos percatáramos antes, que no llegásemos a observar un indicio, cualquier cosa que nos alertara o nos llamase la atención por su rareza, no la sentí en su momento sino después, cuando pude recordar la mañana en que Nima estaba sentada en las escaleras, dispuesta para ir al Colegio, apoyada la cabeza en los barrotes del pasamanos.

Le dije algo, supongo que le repetí que se hacía tarde pero ella no reaccionó, no me escuchaba.

Bajé a su lado, cogí la cartera y todavía tardó un momento en volverse y agarrarse a mi pierna, de tal modo que comenzó a hacerme daño.

No decía nada, no lloraba, se aferraba a mi pierna, me hacía perder el equilibrio. Luego se incorporó y salió corriendo escaleras abajo...

No te lo conté, me pareció una rabieta derivada de las pocas ganas que aquella mañana tendría de ir al Colegio. Ahora me apeno al recordarlo. Las primeras heridas no tardaron en llegar, los arañazos, los hematomas. Se fue sin la cartera y no me di cuenta. Cuando la descubrí, me entró cierta desazón, el olvido me produjo más desconcierto que irritación, como si se tratara de un detalle extraño.

Esa pena, esa tristeza del recuerdo, se acumula a otros muchos incidentes, todos pequeños, anodinos y, sin embargo, suficientes para alimentar la culpabilidad, esa palabra que me tienes prohibida.

Nos la tenemos prohibida porque hemos hecho de ella un uso inmoderado, sin que nos haya servido de nada.

No estoy tan segura. Sentirme culpable me ha ayudado para reconciliarme conmigo misma. La culpabilidad era una parte sustancial del tributo que nos correspondía pagar, aunque ya sé que en esta historia nada se compra y se vende, no hay mercado.

21

De esa culpabilidad viene lo que peor sobrellevamos, dijo Liceo en alguna otra conversación, cuando las relaciones del matrimonio ya estaban muy deterioradas y la decisión de separarse era inminente.

Lo peor, no lo dudo, dijo Aurea, pero la culpa también tenía un efecto bienhechor, aunque parezca monstruoso aceptarlo. La culpa me limpiaba y yo sentía que aquel acicate del remordimiento era algo que le debía a Nima. Me limpiaba con mucho dolor, hasta con fuertes dosis de desesperación, pero mientras más culpable podía llegar a sentirme, mayor pureza alcanzaba en el sufrimiento.

El mejor camino para destruirse, sin que sirviera de nada, sin que tu hija encontrase en tu padecimiento el menor beneficio...

Tampoco estoy muy segura de eso, dijo Aurea, y aquella tarde en que ambos hablaban en la terraza de un hotel, en los primeros días de un otoño que arrastraba el resplandor del verano sin que se resignase a desprenderlo, Nima continuaba internada en la Clínica habitual, y Aurea acababa de visitarla sin que Liceo la hubiese acompañado, en el último mes ya hacían las visitas cada uno por su cuenta.

22

Es algo que nunca pude soportar, entre las consideraciones que hacía tu madre, cuando comenzaste a estar de veras mala, ya que no quieres que diga enferma, comentó Liceo, y Nima que se había sentado sin quitarse el abrigo, apenas desprendido el botón del cuello, suspiró y meneó la cabeza con un gesto de reconvención y cansancio.

Yo la entendía, dijo. Soportar o no soportar no son razones ni valores. Asumo lo que me corresponde de que os hayáis separado, y nada me encantaría más que algún día pudierais ser felices cada uno por vuestra cuenta, y olvidándoos de mí.

Pensaba que su padecimiento era una ayuda, que aceptabas esa complicidad, como si el dolor nos justificase a los tres, fuese necesario. Teníamos que pasarlo muy mal, mientras más mejor, para que no te sintieras abandonada. La salud no era posible sin que el reflejo de tu mal nos envenenase, aunque exagero al decirlo así.

23

Su desgracia, mi padecimiento, pensaba Aurea, y hasta en alguna ocasión confesó sus zozobras a alguna amiga, cuando tras la separación de Liceo el margen de las confidencias sobre la situación de Nima se hizo más estrecho, y la soledad acrecentó la propensión al monólogo que tanto lastraba su conciencia.

De ese lastre viene el mayor perjuicio, le advirtió el doctor Cremades, de la incapacidad para ir soltando amarras, comprendiendo que la vida de Nima a ella le pertenece, y que en esa comprensión estriba la medida de la libertad que ella se arroga porque es suya, solamente suya. La dependencia es el resorte del padecimiento, y el daño se establece sobre ella. Desprenderse, soltar amarras, cortar...

Yo sé que su desgracia también se construye sobre mi padecimiento, pensó Aurea, aunque lo que le dijo a la amiga que tan atenta y consternada la escuchaba fue más suave: es mi pena la que la apena más todavía, y estoy segura de que si lograra separarme un poco sería beneficioso para ella. En realidad, ésa es la mayor tensión: lo que habría que hacer y la imposibilidad de hacerlo. Lo que supondría resignarse, la decisión de resignarse y aceptar que, como dice el doctor, su vida es suya y, en tal sentido, es también la única propietaria de su enfermedad y de su desgracia.

De mi padecimiento obtiene el beneficio, como si en el absurdo de su mal radicase entre otras cosas la irresponsabilidad.

Es una enfermedad llena de necesidades, y en ello estriba la contradicción: lo más íntimo y secreto, lo que ni siquiera uno mismo es capaz de confesar porque desconoce, ya que en ese interior oscuro no hay otras percepciones que las de la ansiedad, la compulsión, esa variante del sufrimiento que está más cerca de lo moral o mental que de lo físico, se llena de necesidades, de imperiosos reclamos que no se expresan con una voz sino con un gesto, con una palabra sino con una mirada o, en el peor de los casos, con el abrumador silencio que irradia una perturbación que casi puede cortarse en el aire, como si en la cercanía del enfermo surgiera un resplandor sin luz, la atmósfera cargada de un cristal opaco, esa humedad del sueño que se respira con la acidez de la tierra mojada, cuando en la tierra el barro está lleno de partículas químicas o en las piedras se diluye el óxido...

24

No lo podría expresar así, pero lo siente de ese modo. No sería posible que Aurea lo contara de esta manera y, sin embargo, muchas de sus palabras podrían ser estas palabras, del mismo modo que muchas de las palabras de Liceo serían parecidas.

A veces las escribe para apreciar en ellas lo que el sentimiento no refleja de modo suficiente, como si sólo fuese posible determinar en la escritura lo que se esconde o se pierde, la conmoción que ni la conciencia percibe con claridad.

La escritura es una norma de orden en el desorden, un hilo de lucidez en la oscuridad.

Cuando la propia Nima escribe en los arrumbados cuadernos que, cada poco, tira a la basura y que jamás relee, no hace otra cosa que perseguir el rastro de alguna emoción oculta que no va a sustanciarse y que, si acaso lo hiciera, no contribuiría precisamente a su sosiego. Pero la persecución en sí misma es una forma de liberación, las palabras desorientan el camino de la huida mientras se llenan de lo que su corazón quiere expurgar, casi siempre observaciones desesperadas, desalientos y duelos que Aurea leyó más de una vez recriminada por su marido.

25

Es el daño, diría Liceo.

El daño procrea el compromiso, la complicidad, la componenda.

No me digas que de tu padecimiento obtiene beneficio porque no existe cálculo alguno, el mal conlleva en sí mismo, en su expresión, ese sufrimiento, irradia el veneno al que tan exageradamente me referí, aflora sin la mínima comprensión ni la mínima compasión, ya que deriva de una angustia incontrolada.

La necesidad forma parte de su inutilidad, no se puede contener ese impulso tantas veces destructivo, tan necesario, tan imperioso, tan inútil, a fin de cuentas...

26

En la Cafetería el revuelo había ido creciendo, aunque desde la apartada mesa donde Liceo y Nima se habían sentado resultaba menos perceptible, y ellos todavía tardaron un rato en enterarse de lo que estaba sucediendo.

Nima había encogido los hombros cuando, al fin, el camarero les sirvió lo que habían pedido, y lo hizo con menos atención de la necesaria, derramando un poco de leche sobre el mármol de la mesa.

No vuelvas a lo mismo, no me hagas repetirme, tampoco queda ninguna promesa que hacer, después de haber hecho tantas y haberlas incumplido todas. Cualquier día voy a ver a Cremades y sigo atiborrándome de pastillas...

El alcohol es lo que más nos preocupa. Las pastillas y el alcohol hacen una mezcla explosiva, lo sabes de sobra.

La mano derecha de Nima se deslizó temblorosa por el mármol de la mesa, el dedo índice se detuvo a un centímetro de la leche derramada.

Lo más curioso es que, después de tanto tiempo, estemos hablando de lo mismo, con la misma intención, igual desgana, y el sentimiento de amargura que no nos deja levantar cabeza desde hace años...

Liceo asintió.

El vidrio de las pastillas estaba ahora más empañado en los ojos de Nima, el rictus de sus labios casi caricaturizaba tantos gestos de amargura; pudieran haberse sucedido auspiciados por el mismo sentimiento y desánimo.

27

Lo que el cuerpo debe al alma, piensa de nuevo Liceo.

Nima no alza los ojos.

La mano regresa sobre el mármol y se encuentra con la otra al borde de la mesa, los dedos de ambas se entrelazan.

Ésta es mi hija, se dice Liceo al cerrar un instante los ojos.

Un cuerpo abatido, el alma en pena.

No voy a decirle nada más del daño, me parece que esa palabra tampoco va a servirnos, ninguna palabra nos sirve, cualquier concepto es inocuo.

Es ella, ésa es la firme constatación que se impone por encima de todo, y a la que Liceo llega siempre que logra verla, ahora que tan difícil resulta, ya que Nima desde la última crisis rehúye como puede cualquier requerimiento, y él tiene la certeza de que cada vez serán más contadas las ocasiones.

De mi hija se trata, piensa Liceo, y no hay otra igual en ningún sitio, nadie repite lo que ella es, nadie atenuaría esta tristeza de verla.

Ninguna otra en la totalidad del mundo, nadie más entre las caras y miradas que esparcen el enjambre por las calles de la ciudad que despierta, y que en ningún caso podrían asumir el desentendimiento y la aflicción con que ella se agita, el vertido de su cuerpo enfermo que ahora Liceo presiente como el vacío de una estación abandonada en la que está prisionero el espíritu de su hija.

La niña ajena, el objeto perdido que no habrá modo de reclamar.

Ese rostro que en la delgadez azulada, en las aristas, obtiene la identidad extrema que lo identificaría en la multitud, como si no pudiera existir otro parecido.

28

En la Cafetería las voces han ido creciendo y, entre las mesas, el movimiento denota que algo extraño sucede, algo probablemente grave o muy grave.

No sé lo que pasa, dijo de pronto Nima, volviéndose en la silla y, en el rápido movimiento, observó Liceo la salpicadura en la humedad de los ojos que reflejaban la superficie estancada de la suciedad del sueño.

III

LA SIMA BLANCA

Vienen del sueño.

La mañana no tiene todavía ese liviano relámpago de claridad que mueve la conciencia en las primeras percepciones que nos rescatan del contenido de la noche.

La rutina establece el orden de los primeros movimientos, de las palabras imprescindibles cuando te levantas y reiteras los gestos de siempre, las escuetas acciones domésticas donde la guía más fiable es precisamente esa, la rutinaria.

Un espacio dormido o un tiempo adormilado de iniciación y reciclaje, la densidad amorfa del dormitorio donde desde siempre uno se mueve como en el terreno conocido en el que los primeros pasos abundan en el desconocimiento, ya que en la penumbra del despertar, estemos solos o acompañados, hay un tramo de desorientación que debemos cubrir tan inseguros como indecisos.

Este espacio del dormitorio, este reflejo de la intimidad que nos alberga, la cama, las sábanas, el impulso modesto de levantarse como una inclinación hacia la vida que contiene el despertar, cuando en realidad todavía esa inclinación no desvela por completo lo que la noche retiene, lo que el sueño atesora, aunque ni el sueño ni la noche mantienen su constancia, el despertar es una despedida o un encuentro, la recomposición del ánimo y la mirada, la reconquista de la voluntad, un adiós a ese reino de la inconsciencia donde el sueño irradia su abismo con tanta paz como perturbación, el encuentro de lo que el despertar ofrece, ese futuro ya inmediato de la jornada que empieza.

En poco nos distinguiríamos unos de otros, en nada somos distintos en esos momentos, en la rutina primeriza que tanto iguala los gestos, lo más intranscendente que se puede hacer, lo más liviano y limitado, el tramo doméstico de la mañana, cuando sin solución de continuidad cumplimos el débito de las primeras obligaciones, y es tan sólo el cuerpo quien consolida su peso y necesidad, como si en la supervivencia de cada día fuese la reposición de la materia lo que antecediese a cualquier otra reposición, la voluntad se ve anticipada por el resorte de los músculos, hay un movimiento que no necesita decisión, el espíritu no sobrepasó aún lo que el sueño le imprime, esa raya que dibuja un punto intermedio de conciencia e inconsciencia, el rastro de la noche, el alma inquieta que no se mueve porque, como bien sabemos, esa inquietud necesita que el pensamiento funcione, el alma es una sustancia diluida que ni la ducha fría hace vibrar y de la que el cuerpo adormilado se olvida, con parecido desinterés a como lo hace con ese último residuo de amargura que algunas veces el sueño deja en la boca.

De ese lugar común vienen, y todos venimos como ellos, todos procedemos del mismo despertar y estamos dispuestos a tomar el mismo tren en la ciudad que ahora, en seguida, cuando asomamos a la calle, nos reconoce.

El despertar concede una emoción parecida, la revelación que cada cual administra en su experiencia, aunque nada unifica más que esa inocencia primitiva del día, en que nos movemos atentos al primer atisbo, cuando el despertador sonó o una voz familiar nos hizo la primera advertencia.

Todos podríamos comunicarnos en ese silencio que no respeta el latido del cuerpo sumido en la temperatura de la noche, la cálida soledad de una fiebre sin décimas, un latido que no resuena en el silencio, apenas en el interior más oculto de lo que somos, el propio corazón silencioso, la víscera que amaga su temblor para que, de veras, ese primer instante contenga el absoluto vacío de nuestra conciencia, una nada a partir de la cual empezar de nuevo, el silencio que extiende el amparo de nuestra condición, ya que de esa nada venimos, como si la suerte de vivir exigiera la reiteración del origen de cada uno en el nuevo despertar, en la mañana única y de todos.

Somos el mismo objeto en el lugar de cada día.

Hemos salido de casa, y todavía los gestos banales tienen la mínima expresión a que podemos llegar, hay un camino en la mañana que se enciende en ese tramo primero donde comienza la jornada laboral, como si este tránsito todavía respetara la disposición común que nos alinea en la variada velocidad de cada viaje.

El mismo objeto, lo que obtenemos con la presencia de esta disposición tan repetida, con frecuencia en el mismo asiento, casi siempre en el mismo vagón o autobús, en el lugar de cada día, el horario que hasta del lugar hace el tiempo, y en esas miradas que contraen la lejanía del sueño hay tanta complicidad como distancia, más apego que separación, ya es muy fácil certificar los rostros de la compañía, saber que todos se suman en el mismo, un trance en el que la disipación del viaje, aunque se sostenga un periódico en las manos o un libro en las rodillas, unifica el silencio de las imaginaciones y las memorias, ya que están quietas, inamovibles en el sigilo, compenetradas en el refugio de la misma intimidad, entre el secreto de la somnolencia que a veces recobra una sonrisa o una mueca probablemente más propias del dormido que del despierto.

El mismo rostro, la identidad común, la fragilidad extrema.

Se podría dudar si en el trance del sueño hay mayor desamparo que en estos momentos ensimismados en los que la orientación de las cosas se va abriendo con la lentitud de la orientación de la vida, los primeros pensamientos que emergen de la percepción a la conciencia, de la memoria a la razón, de la nada que todavía subyace como el agua quieta en la hondura del pozo de la noche.

Indefensos, inertes y, sin embargo, dueños de ese solidario anonimato que anima la condición de lo que somos y, al tiempo, la realidad de la que nos apropiamos antes de que nadie tenga nada que cedernos ni nada que concedernos, la realidad que es el propio merecimiento, lo que se desvela en el pronunciamiento de la mañana, mientras amanece y en la ciudad, como en la vida, se orientan los trenes...

Del sueño, digo y repito, de la atadura de la experiencia más secreta, de la mayor intimidad, del bien más hondo y la identidad más remota, la pertenencia de lo que de veras somos, la propiedad del sentimiento más extremo, de la emoción más inalienable.

¿Quién podría robar ese bien último que es el bien primero, el bien único, del que ni siquiera precisamos tener certeza, ya que el secreto de su dominio es suficiente para justificar la bondad de su patrimonio...?

Compartimos el viaje, el instante.

No hay otro espejo que reproduzca mejor lo que la vida extiende en la ciudad que abre los ojos, la mañana que se perfila, el tren que la recoge, ese impulso de todos en la quietud de la somnolencia y el desamparo de cada uno, lo que el paisaje de la velocidad reproduce desde las ventanillas y el aire que remueve el frío, la nube incierta, un calor de cercanías que nos arropa en esta absoluta indefensión que justifica el abatimiento hasta que en el propio transporte, poco a poco, la realidad viene en la dirección contraria, nos enfrenta con su impulso como si el tren nos llevara hacia ella y hubiera que atravesarla o dejarse mecer en lo que todavía es un sopor de vías y de traviesas y de estaciones que reponen la misma carga, el sesgo humano de esa mirada atónita o de esa sonrisa que no dibuja por completo el recuerdo que la imprime, el instante preciso en que se escucha la explosión, sin que la conciencia ajuste la lucidez del peligro, apenas el sobresalto, la hendidura de una sima blanca en el estallido y la destrucción.

No huele a la intimidad física y mental que todavía en el sueño tiene el despego de las sábanas o la ducha que hace resbalar la espuma por la piel, es otra alerta en el resplandor de esa sima que de improviso se abre con la sequedad de una luz que revienta entre el hedor del humo y la nitroglicerina.

IV

LA PIEDRA EN EL CORAZÓN

1

Como ya no quedaba nada razonable, se acabó desmoronando lo único que sostenía aquella sociedad de afectos y desvelos, y perdona el término comercial, un recorrido por los avatares matrimoniales desde el límite al que habíamos llegado, un recuento del pasado, suscitaría complicaciones y desavenencias, no vamos a achacarlo todo a esa fuerza secreta con que el trastorno de Nima socavó las relaciones y sacó a flote las diferencias.

2

A veces reparo en aquella obsesión que compartimos sobre la mala suerte, sin darnos cuenta de que lo que en ella invertíamos, tanto y tan reiterado como es propio de las obsesiones, contribuía a la mayor carga de amargura.

Peor suerte imposible, era la valoración habitual y, al mismo tiempo, el repaso de las extraordinarias cualidades de Nima, la inteligencia, la sensibilidad, la responsabilidad en los estudios, esa cercanía cariñosa que nos embargaba, las amistades que reflejaban un aliciente en su carácter derivado sin duda de su generosidad y delicadeza.

Unas propiedades personales verdaderamente notables y, a la vez, la ruptura de todo, la sensación de un peligro inminente que provocaría el desmoronamiento...

La mala suerte y ningún aliciente de resignación.

3

La desgracia cubre lo que toca, hace desgraciado a quien la padece, pero es difícil asimilarla como una costumbre.

No podíamos acostumbrarnos porque, además, esa idea de la mala suerte es el don contrario a la de la buena, quiero decir que se recibe como un regalo envenenado, nadie lucha por alcanzarla, aunque sea torcida e inconscientemente, no se trata de un merecimiento.

La desgracia viene con la vida, te visita un día, es propia de nuestra condición porque, en el fondo, nos pertenece, pero la mala suerte, que tanto nos hizo maldecir y patrimonializó nuestra amargura, siempre es una sorpresa inaceptable, no está en los designios de lo que merecemos, no hay razón que la avale.

La amargura fue el fruto primero de aquellos años dolorosos, cuando la enfermedad de Nima ni siquiera tenía nombre y nosotros tampoco éramos capaces de olfatear el riesgo, de percibirla siquiera.

De forma ocasional, alguna observación podía insinuar una inquietud, sobre todo ese rastro de lejanía que la niña había dejado como las migas en el sendero de los niños perdidos de los cuentos, un momento, un instante que, poco a poco, ella controló, de modo que la ausencia se rompiera con la complicidad de la sonrisa, cuando se daba cuenta de que la observabas.

4

Cosas raras, extrañezas.

Hay que pensar, ya lo sé, en esa capacidad extraordinaria que ella tenía para el disimulo, o que desde su interior atormentado, ya que el sufrimiento arrastra una niebla escondida que poco a poco se revuelve como un humo perturbador, la impostura era una suerte de alivio en la propia incomprensión de lo que le estaba sucediendo.

Una de las frases que acuñé para poder referirme a lo que no entendía, cuando el padecimiento se hizo oficial entre nosotros, quiero decir cuando la enfermedad, que ella no acepta nombrar de ese modo, estuvo con toda su violencia en la realidad de nuestras vidas, y hasta la cercanía de la muerte estrechaba la proximidad del abismo en que ella vivía o se abocaba a la destrucción, fue la que hacía referencia al secreto del corazón de mi hija.

De un secreto se trataba, de ese secreto que, tantos años después, todavía seguimos sin desvelar, y al que probablemente ni siquiera el doctor Cremades se ha asomado, al menos de forma suficiente.

5

Sólo la ficción me puede servir para acercarme al secreto del corazón de mi hija, a su comprensión y entendimiento, sabiendo que los secretos se construyen con un cuidado que los hace inexpugnables y que en su reserva y vigilancia se fortifica también el misterio que, en ocasiones, los hace todavía más insondables, como si pudieran existir secretos sin dueño, en los que el sigilo y la perseverancia velan porque no se destruyan, aunque nadie los reclame.

Secretos sin dueño, o secretos que yacen en la inconsciencia de quien los guarda.

Esa idea del secreto, nada analítica, no le desagradaba al doctor Cremades, que en sus orientaciones, entre la terapia y la medicación, siempre se refería a lo que Nima ocultaba, como si en la simiente de la enfermedad existiese una ocultación, y el camino para determinarla formase parte del enrevesado camino de curarla, un derrotero por donde ella alcanzase la claridad de su propio conocimiento, la clave para que desde esa lucidez funcionase su voluntad y lograra controlar su comportamiento.

No lo cuento con la claridad debida, ya sabes que la información sobre la enfermedad de Nima siempre me llegó desde tu propia información, al menos en lo que respecta a la parte técnica de la misma, pues fuiste tú quien asumiste la relación con Cremades y el resto de los médicos, y siempre tuviste un conocimiento mucho más exhaustivo y certero, porque la misma enfermedad te despertó una curiosidad casi insensata.

Las madres siempre asumen otro compromiso, se involucran sin ninguna reserva.

6

Ella guardaba conmigo mayores silencios, aunque eso no supusiera un grado distinto de consideración, en los peores momentos estábamos en el mismo punto de mira, el frente era común.

No hay piedad en ese límite en el que el trastorno recrudece su acción, y no se trata sólo de la impiedad del sufrimiento y la incomprensión, de lo que el dolor expresa en la cercanía del rencor, sino de la tensión que irradia esa compulsión incontrolada cuyo efecto más inmediato es la más absoluta irracionalidad.

Es una ruptura, una quiebra que parece producirse en lo más hondo de quien la sufre y, al tiempo, en la propia expresión de su personalidad, el golpe de la piedra que cae al pozo y estalla en la superficie de las aguas salpicando las paredes...

Una superficie que oculta su mansedumbre en ese abismo, ya que de un pozo se trata.

Las aguas quietas en la oscuridad.

Un interior donde la profundidad no es medible ni preservable.

La circunstancia de que esa hondura contenga un transfondo desconocido de nosotros mismos, o una sima irreconocible donde subyace como un poso de contradictorias conmociones y afectos ese lodo que a veces embadurna los sueños, la salpicadura con que en tantas ocasiones se levanta Nima en las mañanas peores, entre la resaca de la química y el alcohol, y cuando se mira en el espejo los ojos tienen el brillo mojado del cieno, y escupe la saliva amarga que casi le hace daño en la costra de la garganta.

7

Había agotado contigo todas las palabras, saciado los reproches, repartido la mala conciencia de sus manipulaciones y descréditos, y venía a mi lado, sin que yo hubiera hecho todavía ningún gesto de amparo, dispuesta a compartir el silencio con que el guerrero alivia la batalla, siempre ganada, siempre perdida, jamás existió una reyerta que saciase esa convicción de la victoria ya que, en cualquier caso, dada la catadura de la misma, siempre se trataría de una victoria innoble.

El silencio a mi lado era un recurso inocuo, cuando ya el fragor había terminado o había transcurrido un tiempo suficiente desde que se retiraba a su habitación con el consabido portazo.

¿Un silencio culpable...?

Nunca lo entendiste de ese modo, siempre consideraste que en aquel regreso a mi lado ella reafirmaba, ya sin alboroto ni palabras, la ganancia de su necesidad, el refrendo de que en el desentendimiento absoluto producido entre ambas era ella la merecedora, aunque no fuese preciso el gesto de concedérselo, apenas la solvencia de aceptarla y el cruce huidizo de la mirada vidriosa donde todavía, y te juro que mi angustia estaba más próxima al miedo que a la desolación, palpitaba el rencor que no le permitía controlar el temblor de las manos de modo suficiente para sacar el cigarrillo del paquete y encender la cerilla.

Sé de sobra que lo que más podía agradecerme era que yo extrajera el cigarrillo, se lo encendiera y lo acercara a sus labios, un gesto que la reconciliaba a base de reafirmar las razones de su explosión, y saber que estaba con ella y la comprendía en la proporción de mi desacuerdo contigo.

8

Si dijese que una vez, cuando Nima era muy pequeña, le conté, entre los muchos cuentos que le contaba, casi siempre improvisados o con interminables variaciones, el de la Princesa feliz que un día se sintió infeliz y a partir de entonces contaminó de infelicidad a quienes con ella vivían y a los súbditos del propio Reino en que su padre reinaba, podría dar la impresión de un recurso fabulístico no exento de simetría.

El cuento que le conté no lo recuerdo con exactitud y, a lo mejor, lo que existe de recurso es lo que añado o reinvento al recuperarlo ahora.

No es un cuento puro, aunque los elementos tradicionales que contiene están en las pautas de ese género popular, las impurezas pertenecen sin remedio a las mediaciones de un narrador capaz de hilar más de lo debido ante los requerimientos de aquella niña extremadamente imaginativa que no se resignaba a que el cuento acabase, al menos hasta que a ella se le cerraran los ojos y, aun así, desde el sopor de los párpados caídos, todavía era capaz de un último requerimiento, como si la fantasía y el sueño no terminaran de disolverse.

Todo resultaba extremado en Nima, sus apegos, sus caprichos, sus resoluciones, los afectos y los desafectos. Cualquier cosa adquiría una dimensión radical, y todo era urgente, cualquier necesidad, ocurrencia o pensamiento. Ese ímpetu interior, que irradiaba las mayores nimiedades, era la misma fuente de su orden y su desorden. En realidad, en eso ha invertido Nima su existencia, en ordenar su vida: lo que voy a hacer, lo que debo y lo que quiero, el horario, la planificación, el ánimo y el desánimo...

9

Aquella mañana, pues, la princesa Almada, el nombre de todas las princesas protagonistas de mis cuentos, que tenía una docena de primas y siete hermanos, lo que me proporcionaba un buen elenco para dar variedad a los sucesos, sintió que no se encontraba bien, no exactamente que le doliese la barriga o tuviera fiebre, sencillamente que no se encontraba bien, que más que tener mal cuerpo tenía mal espíritu, y el esfuerzo de abrir los ojos la hizo suspirar.

Ni Almada ni ninguna de las princesas de su nombre suspiraban nunca, a no ser de cansancio después de jugar o complacidas cuando les hacían el más grato ofrecimiento.

Fue un suspiro compungido y, cuando de nuevo cerró los ojos, se sintió apenada y, al poner las manos sobre el pecho, un frío extraño llenó la yema de los dedos, como si hubieran tocado el hielo del jardín en la primera mañana del invierno, cuando la nieve cubría los rosales y cristalizaba el agua del estanque.

10

Como el espíritu se cura peor que el cuerpo, y al mal del alma le llamaban en el Reino melancolía, los remedios habituales no sacaron a Almada de aquella postración y, al cabo de un mes, la Princesa afligida era una niña apesadumbrada que no quería ver a nadie y que, en los peores momentos, se irritaba por cualquier cosa.

Ni comer ni dormir, ni escuchar un cuento ni una canción, ni que vinieran las primas con las cintas y los jilgueros ni que su hermano Emérito, al que más quería, la cogiese de la mano para decirle que había inventado un pájaro de madera con el que podrían volar, habida cuenta de que Emérito era el inventor de la familia y en una ocasión había inventado un tonel con respiraderos que permitían navegar por debajo del agua. El tonel donde, por cierto, se ahogó la prima Poma, la más arriscada de todas ellas...

11

Ningún remedio, nada que hacer.

La princesa Almada tiene la enfermedad de la tristeza, dijo tiempo después un médico muy famoso que vino de otro Reino lejano, donde ya se usaba la trepanación para sacarle los pájaros de la cabeza a los que estaban grillados, y se les daban pociones y baños para helarlos y escaldarlos a los melancólicos.

Para aquel entonces, ese mal dominaba no sólo el palacio, también el Reino. La pesadumbre era el contraste de la pena y, entre la tristeza y la melancolía, los espíritus más decaídos no eran capaces de levantar cabeza, y quienes la levantaban sufrían arrebatos de desolación e irritaban a quienes tenían más cerca.

Eso sucedía en el palacio, donde la propia Almada se había hecho insoportable, ya que la tristeza había reconducido su infelicidad a la desesperación, y el contagio era más intenso que en ningún otro sitio del Reino, aunque la decadencia del mismo expresaba muy bien el completo desastre de aquella enfermedad.

12

Entonces algo le pasaba a Almada, que ni los unos ni los otros entendían, ni ella misma podía saber, afirmaba Nima que, como bien recuerdas, nunca hacía un uso atrabiliario de la curiosidad, hasta con tan pocos años demostraba la perspicacia de un sentido común, tan malbaratado y echado a perder cuando más lo hubiera necesitado, pero, en fin, dejemos eso, no sé si es el sentido común lo que socava la enfermedad, supongo que los criterios de un comportamiento trastornado no reflejan la pauta de ese sentido o del sinsentido que lo contradice, la orientación o la desorientación del ánimo enfermo puede tener otra ruta.

Claro, no lo dudes, eso le pasaba, le dije a Nima, antes de seguir con el cuento que, en aquellos momentos, no tenía ni la mínima idea de cómo acabar, recrudecida la ocasión por el desmedido interés con que Nima lo escuchaba sin que hasta el momento hubiesen temblado sus párpados ni se le hubiera abierto la boca una sola vez.

Tanta pena la tendría muy cansada, dijo Nima incorporándose un poco más sobre la almohada y echando a un lado la coleta, y todos esos súbditos ni podrían trabajar siquiera, menuda faena para el Reino de Morada. Me parece que ese médico que vino de tan lejos es el que puede echar una mano.

También me lo pareció aunque, si te soy sincero, al de la trepanación y los baños fríos y escaldados no pretendía tenerlo muy en cuenta, era uno de esos personajes laterales que se te cuelan cuando te fallan los recursos, pero Nima me acababa de dar la idea.

13

Es el corazón, dijo aquel médico que llegó de un Reino lejano.

A esta niña se le transmutó el corazón, ese frío en el pecho, ese invierno en el cuerpo, provienen del corazón trastocado, lo que era la fuente de su felicidad y alegría, de su bondad y cordura, lo es ahora, como bien vemos, y para demérito de cuantos la quieren y acompañan, incluidos los súbditos que la secundan con la misma pena, de aflicción y tristeza.

El propio Reino que, como ustedes me dicen se llama de Morada, y es un nombre bien bonito, está patas arriba, en la decadencia más abyecta, y no por culpa de conflagraciones y pillajes, sino por la misma pena de ese corazón cambiado, la enfermedad de la Princesa...

14

¿Y entonces le buscó el corazón y la curó...?, quiso saber Nima, y así podía haber acabado el cuento, pero se me ocurrió decirle que no había resultado tan fácil, ya que el corazón de Almada se había hecho de piedra, lo que no quiere decir que, como en tantos otros corazones de esa materia, hubiese enfriado sus sentimientos y la tristeza la hubiese llevado a la maldad o a esas gélidas resoluciones de quienes tienen el corazón tan duro.

Bueno, esto te lo estoy diciendo a ti de este modo, a ella le conté que el corazón se le petrificó porque una tarde de invierno, sin darse cuenta, se había dormido en el jardín, y se le había helado el cuerpo, aunque el sueño la salvó de quedar congelada pero no el corazón, ya ves qué galimatías, pero eso era lo que más le gustaba de todo a Nima: que los cuentos no se acabaran de entender por completo, ya que de ese modo los días siguientes podía seguir preguntando, ofreciendo ella las aclaraciones que se le ocurrieran, siempre ingeniosas, es verdad.

Le pesaría mucho, dijo en el momento en que por vez primera aquella noche comenzaron a cerrársele los ojos.

Una piedra del tamaño del corazón tiene que ser pesada, aunque ahora que me doy cuenta no sé qué tamaño tiene, unos dicen que es muy grande el de las niñas buenas, no sé si entonces será pequeño el de las malas, tampoco sé si el de las princesas es distinto, ya me lo dirás mañana.

Y, sobre todo, lo que me tienes que decir es cómo el médico la curó, si tuvo que sacárselo, y lo que hay que hacer para quitarle el corazón a alguien sin hacerle daño.

15

La piedra no se refería, fácilmente lo puedes imaginar, a la dureza del corazón sino a su carácter impenetrable, y es en esta dirección donde el cuento se aplica al destino de Nima, a la enfermedad de aquella niña que lo escuchó embelesada y que luego, en los días siguientes o hasta que otro cuento se superpuso al interés de éste, siguió inquiriendo sobre los datos más concretos que la preocupaban y, entre ellos, el que colmó su curiosidad: la piedra con forma de corazón que todavía palpitaba en la mano del médico que la acababa de extraer, un momento especialmente difícil para que yo salvase la escena sin demasiados detalles.

Otro suspiro, pero ahora de alivio, como si Almada sintiera que poco a poco recobraba el corazón verdadero, la complacencia de sentirse bien, un aliento de felicidad que la hacía reposar entre las sábanas y recobrar un sueño dulce, tan distinto de aquel sueño helado que amargó su cuerpo y oscureció su alma.

¿Y qué hicieron con la piedra...?, quiso saber.

Enterrarla.

El secreto del corazón de tu hija, me dijiste, sólo haces que enredarte con los cuentos que cuentas y recuerdas, todo lo que inventas de esta historia que está acabando con nosotros ayuda más a la confusión que a la claridad, me gustan mucho más las otras historias que escribes, las que nada tienen que ver con la realidad, las que son pura ficción, en ese pleito del que a veces hablas llevas todas las de perder cuando bajas la guardia, malbaratas la imaginación y la vida, tal como la cuentas, estrecha, escueta, fidedigna, resulta demasiado pobre. Lo real es muy poca cosa al lado de lo imaginario, sobre todo cuando tiene esta dolorosa consistencia que apenas nos deja respirar...

16

Ya sería el colmo que yo intentara un recuento de las desavenencias que fueron fraguando la separación, no queda un reproche entre todo lo que pudiéramos considerar, nada sabría decirte, ahora que han pasado unos años, para justificar ese otro desastre que, según tú apuntabas, se debía al desamor, entendiendo que el desamor es una pérdida crucial de lo que se tiene, y lo que se tiene o atesora, como tantas otras cosas en la vida, siempre es susceptible de perderse.

En nuestro caso me parecería más adecuado decir de extraviarse que de perderse, la pérdida tiene una precisión más estricta que el extravío, y a mí me parece que nosotros nos extraviamos.

El extravío marca un destino de mayor fragilidad, una propensión a las defensas bajas y a las no menos bajas autoestimas, como si la brújula orientara las direcciones con debilidad, sin crédito suficiente, con la convicción en entredicho.

No sé si se trata de una falta de carácter, probablemente no, pero sí de una precaria condición en la que la inseguridad es el motor de casi todo y, al fin, el mundo un escenario que se mueve, de tal manera que las pisadas nunca son firmes y, en el fondo de uno mismo, se tiene la sensación de que cada paso es un riesgo, el peligro de la vida resulta la vida misma en la aventura cotidiana, en la vuelta a la esquina, donde todo puede suceder, a no ser que antes, en ese último paso indeciso, te hayas roto la crisma.

17

Lo que sin duda nos dañó, y este asunto del daño es un recurso verbal y conceptual que me obsesiona y no acabo de aclarar en su sentido más exacto, ya que tengo la impresión de que si lo lograra podría ayudarnos mucho, sobre todo a Nima que, más allá de su clarividencia y desastre, está necesitada de palabras, de algunas palabras significativas y cruciales que sostengan ese dichoso orden que no logra alcanzar, el orden no ya de las cosas y acciones, de los actos y compromisos de su vida, de sus requerimientos y responsabilidades, el que de veras orienta y sostiene el equilibrio, ya que no hay modo de entender que una persona de su inteligencia y lucidez viva en la contradicción del desorden, la fuente de su enfermedad, la expresión del trastorno, como si en el abismo de su secreto la oscuridad irradiara no sólo la compulsión y la angustia, también la barahúnda en que todo se desorganiza sin que sea posible una percepción global, integradora, el estallido que lo echa por tierra como una siembra de despojos...

Lo que de veras nos dañó, como te digo, fue la impostura, porque han sido demasiados años, todavía los siguen siendo, en que la impostura marcó la pauta de un comportamiento que Nima establecía desde su enfermedad.

18

Hemos compartido el engaño con la misma solvencia con que nos hicimos dueños de la normalidad, en la costumbre de que todo era como tenía que ser, sin que reparáramos un momento en refutar la convención de lo que sucedía.

La normalidad es el tránsito benigno en que la vida discurre sin alteraciones, todo se desarrolla de acuerdo a la naturalidad de las cosas y no existe mejor coartada que la de ese discurrir sosegado que conforma una corteza a la que se amolda lo que hacemos y lo que somos, la convivencia de cada día, la conciencia que nos justifica.

El engaño se tiende como el recurso más preciado de nuestro anhelo, la mejor respuesta al deseo de que todo sea normal, y no existe mejor predisposición para asumirlo, aligerar las observaciones que contradicen nuestro deseo, dejarnos autoengañar o hacer de ese asimilamiento una razón crucial para la poca felicidad que nos compete.

Es el engaño lo que se contrapone a la desgracia, la normalidad en el discurrir de lo que percibimos, sin que la mirada bordee la superficie para que la anormalidad, al pie de la misma, se revele como una sombra que en seguida nos ciega y que, en tantas ocasiones, evitamos.

Hay un grado de ceguera para avalar la existencia de lo que deseamos, de lo que nos interesa. Ese grado paralelo a lo que evitamos mirar, a lo que no queremos ver, por mucho que su cercanía nos reclame y la inminencia nos inquiete.

De ese engaño, de la impostura asumida como un comportamiento en la convivencia familiar, fuimos víctimas, no nos cabe la menor duda, pero en la desgracia opera la ficción, y ahora no estoy usando el término literario, para que la realidad no interponga el daño que merece.

Cuántas veces lo hemos comentado de este modo, al recordar aquellos tiempos: una existencia ficticia que Nima elaboraba con nuestra connivencia, y una suerte de felicidad no menos ficticia en la que el consuelo era, al fin, la única razón de tanto engaño. El consuelo que evita el desconsuelo, la mirada que se complace en no ver lo que debe, ese arte extremo de trastocar los objetos de la vida como el ilusionista o el mago que juegan a la verdad y la mentira, siempre con la ganancia del disimulo y el adecuado truco.

V

UNA NOTA SUELTA

... ningún otro ardid que la emoción cautiva de lo que me pasa, y estoy hablando de cualquiera de las ocasiones en que mi hija echó la llave no ya sobre cualquier signo de racionalidad, la posibilidad última de seguir hablando de lo que siempre sigue pendiente y nunca encuentra resolución, recontando otra vez lo que le pasa y nos compromete, la irracionalidad o el sinsentido, la mentira y el escarnio, un débito mutuo que ella no reconoce, nada me debeis, nada os debo, la mejor manera de echarlo todo a rodar, sin que quede la mínima posibilidad de replantear la comprensión...

... un término común que no es otra cosa que un lugar común, en la imposible tregua que termina desbaratándose, esta misma tarde o cualquier otro día, ya que son tantas las ocasiones en que esto sucede, todo echado a perder sin que la cabeza funcione no ya por encima de los sentimientos o las emociones, ni siquiera por encima de los impulsos menos razonables...

... la cabeza es una torre vigía desde la que, como en tantas ocasiones, el centinela de turno no orienta lo que observa, no percibe lo que debe, o el centinela se adormece y escucha el ruido de los que vienen como si fuese el movimiento de los que ya están dentro, sin que de nada sirva o, en el peor de los casos, para corroborar la contradicción de tantas pérdidas, esa cabeza que tan mal gobierna lo que le compete y que para irradiar la lucidez necesaria cierra los ojos y opta por esa oscuridad donde todas las razones y reflexiones obtienen su justificación, como si en el pleito entre la razón y las emociones se sintiera desvalida, sin ningún poder, entregada a la causa de los sentimientos a flor de piel, inmediatos y ruines, los que se refugian en el llanto como la coartada de la fragilidad que mejor promueve el sabor agridulce de la desgracia que acaba siendo una pastilla para dormir mejor o, al menos, para dormir un poco...

... el somnífero con que nos curamos de la realidad y los hechos, de los incuestionables sucesos que dirimen nuestra derrota, nuestra miseria moral, el tropiezo de esa debilidad que desnuda la conciencia en el límite de la indefensión, ya que de eso se trata, de nuestra indefensión, de nuestra incapacidad, de que la irracionalidad extrema con que mi hija se va de casa después de haber armado, una vez más, el expolio en el que flota su dignidad herida, yo me reconcilio con mi condición de guiñapo y, en ese instante, tras el portazo y las últimas reconvenciones, asumo lo que la vida ofrece de desgaste y pesar en la dirección de la muerte, una palabra siempre excesiva, pero que en la memoria de todo lo que ella ha supuesto en tantos años, no hay razón para no pronunciar, ya que en el repaso de las situaciones más graves, en todas las urgencias y despropósitos, era la opción en el límite de la inconsecuencia, lo que la enfermedad mostraba de terminal o el trastorno del abismo por el que mi hija acababa de despeñarse...

VI

LOS OJOS, LOS PIES, LAS MANOS

1

Te dije que me sentía culpable y todavía, después de habérmelo prohibido, cuando esa palabra dejó de existir, continuó el sentimiento y tuve que hacer un largo aprendizaje para superarlo: la prohibición no fue suficiente.

Aurea y Liceo llegaron a la Clínica a media mañana, en cualquiera de aquellos días en que se sucedieron los primeros internamientos de Nima, todavía más asustados que consternados, cuando las evaluaciones médicas, los análisis y diagnósticos reflejaban en los informes algunas escuetas consideraciones de prosa apresurada y enigmática, en la que apenas resaltaban tres o cuatro palabras alarmantes.

La culpa me reconfortaba, y ése era el peor resultado de su adicción. Para sentirme culpable sólo tenía que observar los ojos extraviados de Nima, aquella lejanía opaca cuando subíamos al tercer piso a recogerla, el esfuerzo de la sonrisa imposible.

Comprendo que nada se me podía imputar, pero la responsabilidad se acomodaba a mi desánimo y, además, la desgracia de Nima, lo que reflejaba su figura abatida por las pastillas, la sombra enajenada de su vitalidad y esfuerzo, incrementaban ese sentimiento que, como te digo, satisfacía esa necesidad negativa, como si en la culpa ya existiera algo de condena anticipada, y en el sufrimiento de verla pudiera compartir el sufrimiento de sentirla, la desazón de aquella ruina que venía a nuestro lado como una autómata.

2

Una reconciliación conmigo misma, ya ves qué disparate, con el pesar que me robaba el sueño y la obsesión que no me quitaba a Nima de la cabeza. Esa falsa reconciliación para que la mala suerte no lo parezca tanto o, al fin, hacerse a su consuelo.

La culpabilidad agrietaba la conciencia y el sufrimiento era reparador.

Resultaba muy difícil, dijo Liceo, lo reconozco, y sé de sobra que llevabas la peor parte, aunque en el reparto de lo que nos cayó encima es absurda cualquier adjudicación.

El dolor se asume y, cuando la fuente del mismo es tan irracional, se acepta con el costo que tiene, quiero decir que en la imprecisión y el desafuero de su cometido hay una contribución que pagar, se tiene la sensación de que pagando lo que se debe se cumple con lo que impone, como si el dolor hiciese tal reclamación.

Yo acepté ser culpable, me hice culpable de la desgracia de mi hija, contabilicé el precio de su dolor, la valoración de su enfermedad. Supongo que las madres somos más propensas a estas contabilidades...

Y puedo decirte, con cierta precisión, dónde comencé a asumir este desvarío que en el fondo, muy en el fondo, no me creas injusta, también forma parte de nuestro desentendimiento, lo que acabó sucediendo entre nosotros, sin que me tomes el número cambiado, ya sé que para nada Nima es culpable de que nos hayamos separado, sería el colmo de la miseria que también en eso la pusiéramos a ella por el medio, pero hay una transformación en nosotros que no controlamos, lo que somos ahora es diferente de lo que fuimos, ni tú eres el mismo, ni yo soy la misma.

3

Tantos años después, con tantas cosas por el medio, y ella es lo único que permanece, el límite de un afecto correspondido que se perdió en otras direcciones, el amor que nos la devuelve, o que jamás nos permitió alejarla, y el desamor que nos separó sin que ella lo motivara.

No me gusta hablar de eso, dijo Liceo. De lo que pudo pasarnos o dejarnos de pasar, de lo que comenzó a hacerse irreconciliable. Desamor es una buena palabra pero supongo que insuficiente. De todas formas, seríamos tan injustos poniendo a Nima por el medio como quitándola. ¿Qué podríamos aventurar respecto a nosotros si ella no hubiese existido...? No me gusta hablar, ya lo sabes. Me parece que en su momento fuimos suficientemente honestos y nada queda que podamos reprocharnos.

Lo que queda es el desconsuelo, la comprensión de algo irremediable que también alienta la pena de que sucediera, y de esto sé que participas porque te conozco bien, por mucho que no te guste hablar de ello, o mejor, volver a recordarlo. También es verdad que nos hemos ido haciendo fuertes, porque no tuvimos otra opción, la fortaleza es un grado en el largo aprendizaje de tantas cosas, se logra pechando con todo lo que a uno le cae encima, no hay variantes, la experiencia produce la apropiación completa. Fuertes, otra palabra discutible.

4

Fue en una de aquellas ocasiones en que la visitamos juntos en la Clínica, la segunda o la tercera, porque luego a todo se acostumbra una.

La culpa asomó con la congoja, el sufrimiento me hizo cerrar los ojos para contener la lágrima más costosa, quiero decir la que mayor precio se hubiese cobrado entre el llanto que todavía por aquellas fechas me sobrevenía en cualquier momento.

Fueron tres observaciones, cuando salimos al jardín, paseamos un rato, nos sentamos después en uno de aquellos bancos al lado del arriate, desde donde la suave loma del parterre permitía ver la valla entre la arboleda y el perfil de los edificios que crecían circundando la finca de la Clínica en su totalidad, cercándola como una isla sin horizonte.

Es curiosa la sensación de paz y lejanía en este pedazo de tierra que la ciudad devora por todas partes, dijiste la primera vez que paseamos por el jardín.

De noche, había comentado Nima, todavía está más lejos, el que se quisiera escapar podría perderse.

5

Lo primero fueron los ojos, el vidrio de las pastillas, la humedad que trasluce un brillo de lejanía y ausencia, como en tantas ocasiones hemos comentado, tenía mayor opacidad y, sobre todo, yo tuve la sensación de que a mi hija le habían robado la mirada.

No se trataba de ese gesto sustraído del sonámbulo o de a quien hipnotizaron, la mirada de Nima era una mirada muerta, robada la vida de sus ojos siempre tan vivaces, la opacidad como una mancha de cristal helado.

Era la primera vez que hacías esa observación, dijo Liceo. A lo mejor todavía nunca la habíamos visto tan atiborrada de pastillas, con aquel tratamiento de choque que la dejaba traspuesta.

Los ojos, lo que miraba sin mirar, lo que pudiera sentir sin ver, no ya que estuviesen apagados o que los cerrara para de pronto adormecerse, sino que estaban muertos, con la fijeza con que se quedan esos cadáveres con los párpados alzados, aunque es verdad que cualquier palabra o comentario contradecía este recuerdo tan excesivo, un pájaro que se había posado cerca y al que se refería con un gesto o el índice de la mano derecha señalando algo, al tiempo que preguntaba cualquier cosa.

Me acuerdo perfectamente, dijo Liceo. En algún momento, sin previo aviso, se levantó del banco y caminó ella sola por el parterre.

6

Ella sola, dijo Aurea.

Creo que sentimos algo parecido a lo que nos sucedió cuando la descubrimos en la playa, el montón de huesos con el bikini amarillo que resultó ser nuestra hija. No era lo mismo, no tenía nada que ver, pero jamás lograré olvidar los pies de Nima, los pasos por la gravilla según se iba alejando.

Es verdad, dijo Liceo. Aquella vez vino hacia nosotros, y en esa ocasión la observamos según se alejaba. La niña que corría con riesgo de que se la llevara el viento, y esta adolescente que caminaba con el peso de un extravío que apenas la permitía moverse, o que sus pasos la llevasen a ningún sitio.

Entonces sentí que mi hija no estaba en el mundo, que había un más allá al que ni siquiera había que ir, un más allá cercano, inmediato, sin otra frontera que un espacio mental.

La mirada se la habían robado y los pies cercenado, siguió diciendo Aurea. Nada que ver, nada que mirar, ningún sitio al que ir. Una niña perdida que el mundo expulsaba con su incomprensión, ya que no se puede estar en el mundo sin entenderlo, en proporción a que el mundo te entienda y acepte, la vida necesita esos mínimos de equivalencia, aunque pueda producirse algún desequilibrio...

7

Ahora de lo que estás hablando es de los fantasmas de la enfermedad, dijo Liceo, probablemente cuando Aurea y él mantuvieron una conversación parecida, en alguna de las muchas ocasiones en que Aurea retomó el asunto de la culpabilidad, que Liceo ya le había prohibido reiteradamente.

Los fantasmas nos pertenecen a nosotros, los hemos creado y recreado con todos los artilugios de la imaginación, haciendo de ella un uso indebido y un uso interesado. Después de tanto tiempo, cuando el sufrimiento y la pena siguen su variado curso, ya que Nima no acaba de curarse y, a la primera de cambio, se reproducen las crisis y volvemos a estar en vilo, por muy largo que sea nuestro aprendizaje y el alivio de la edad modifique en ella, para bien o para mal, el destino de la enfermedad, no hemos podido desterrar los fantasmas.

Son parte de la ficción de nuestras previsiones y recuerdos, continuó diciendo Liceo, lo que hemos inventado, la contradicción de nuestras expectativas y fracasos. Una parte importante de la enfermedad de Nima, después de tantos años, está inventada por nosotros, siempre desde la incapacidad de comprenderla y asumirla, de ajustarnos a los hechos de su realidad cambiante y desdichada.

No hay crisis que no comience removiendo todo ese pasado imaginario, ese particular desván donde aguardan adormecidos los fantasmas que, al fin, regresan para avalar nuestra desgracia.

8

La tercera observación, dijo Aurea, tras los ojos y los pies, fueron las manos, y ésa es sin duda una observación obsesiva que, por supuesto, no se producía por vez primera aquella mañana en la Clínica.

Las manos de Nima son la justa herencia de las tuyas y de las mías o, más exactamente en el caso de mi familia, podría decir de las de mi madre, aquellas manos tan largas y estilizadas que en Nima alcanzarían su mismo dibujo y tamaño, al lado de las tuyas, desde luego, que siempre te ganaste fama justificada de tenerlas de pianista.

El temblor se ajustaba a la rigidez, quiero decir que era el temblor de unos dedos rígidos, lo que hacía que las manos semejaran ese vuelo de los pájaros cautivos cuando los liberan, las alas que perdieron la vivacidad y, lo que es peor, cierto movimiento descontrolado que dificultaba el acercamiento del cigarrillo a los labios, como si necesitara acercarse a la boquilla sin que el cigarrillo estuviese del todo seguro entre los dedos.

Sentí que esas manos ya no eran dueñas siquiera de aquella preciosa sortija que brillaba en el dedo corazón, no un atributo de la coquetería de Nima, tan exquisita con las joyas y el diseño de la bisutería, sino un objeto inapropiado que revelaba la contradicción en su belleza, como si la sortija se hubiese caído entre las ramas secas de un arbusto.

Las manos se movían con la desorientación con que los ojos miraban sin ver y los pasos se extraviaban...

Ya sé, ya sé, que recreo los fantasmas, que entre lo que pudiéramos recomponer de todo lo que llevamos vivido al lado de Nima, hay menos sentido común del necesario, una ficción que alimentaba lo bueno y lo malo, el alivio y la desgracia.

A veces, cuando lo cuento, me sorprendo de la dureza de mis palabras y es como si necesitara justificar esta pena tan profunda que me produce la enfermedad.

El corazón, ya lo sé, no es de piedra, es impenetrable, pero aquella Princesa infeliz jamás supo la razón de su infelicidad, y nosotros tampoco.

VII

OTRAS PALABRAS

...lo más secreto es el miedo, hija mía, lo único que no lograría confesarte ni reconocer, ahora que el miedo se convierte en la medida de mis preocupaciones porque más allá de la mirada y la distancia, muy lejos del extrañamiento, el miedo se hizo dueño del corazón de tu madre, y yo lo percibí en sus ojos aterrados, como si fueran sus ojos el espejo de la conmoción, cuando después de lo que discutimos, los tres dispuestos a decirnos tantas cosas, ella se quedó mucho más indefensa y vilipendiada, más en tus manos que yo mismo, como si, al fin, el motivo de todas las culpabilidades, las tuyas y las mías, se suscitara en lo que ella representa, una autoridad tan benigna y complaciente como malévola, una presencia perturbadora para lo que somos y deseamos ser...

... de tu madre no soy capaz de decir muchas muchas cosas en contraposición a las que soy capaz de decir de ti, porque, al fin, tras nuestra separación, ella sigue siendo una especie de deuda en mi vida, en la proporción en que tú eres una ganancia, ya que cuando decidí separarme hice, y es algo de lo que debiera arrepentirme, al menos en ese sentido, una disparatada elección que contenía la injusticia de contraponeros, como si mi amor por ti fuera superior al amor por ella, lo que ya en aquel momento resultaba más que dudoso, y ahora, tanto tiempo después, no sólo resulta dudoso sino absurdo: no era un duelo de amor sino de contradicciones, en el que las dependencias establecían mayores compromisos que los débitos, como si la mala conciencia, de la que jamás supe curarme, orientara mi conducta por encima de la razón.

... una conducta medida en el sentimiento, que alimentabas con la coartada de la enfermedad, y es que no existe mayor coartada que la de la enfermedad, el revestimiento de lo frágil y lo necesario, la petición de auxilio como un requerimiento egoísta...

... estabas tan enferma como tu extraordinaria inteligencia te permitía, tan enferma como lúcida y devastadora, lo suficiente para acabar con nosotros, sobre todo conmigo que era el más fácil enemigo a abatir, ya que tu madre estaba derrotada antes de comenzar el combate...

... todo esto pertenece al secreto de nuestra desgracia, no pienses que se trata de una requisitoria, ya sería el colmo que yo hiciese una reclamación moral para recompensar mi conciencia o aliviar el sentimiento más perentorio, la conmoción que dificulta mi sueño cuando vuelvo a acordarme de tu madre, a la que tanto quise...

… pero eso sí era importante que lo supieras, ya que tu madre y yo nos separamos desde una ruptura que no tenía mucha explicación, como si para lograrla hubiesen sido necesarias más palabras de las precisas, lo que implica que las palabras estaban por encima de las emociones y los sentimientos y acaso de las razones…

…las palabras acaban conformando la materia de la realidad, acaban siendo la única realidad objetiva, no hay otra cosa que lo que ellas son y expresan, por mucho que lo que sean y expresen no resulte la auténtica verdad o el sentido que las nutre…

…de lo que tu madre y yo nos dijimos derivó el resultado de la decisión que tomamos, y ahora que ha pasado bastante tiempo puedo confesar que la materia sustancial de nuestras palabras eras tú, fácilmente puedes comprender que así fuese, ya que de lo que más hablamos tu madre y yo en nuestra vida fue de ti…

…es un secreto, no le dés más vueltas, no me hagas hablar más de la cuenta, no me apetece demasiado volver a evaluar lo que en mi vida son débitos y culpas, es tan triste reconocer lo que hicimos mal o dejamos de hacer, tan difícil determinar lo que hubiera sido posible con algo más de comprensión, ya que la comprensión es el mayor bien de la lucidez y la generosidad…

…todo esto lo digo por tu madre, la mayor culpable, la única víctima, como bien sabes, porque la enfermedad no justifica el aborrecimiento en que a veces reconvertiste su desdicha y en absoluto es un aval de mi abandono, ya que en el abandono de tu madre sólo permanece la impiedad de mi egoísmo y ese dolor terrible en que nos une sin la mínima misericordia la mierda de tu enfermedad…

...somos mierda, hija mía, el terrible dolor que compartimos se justifica en la mierda que somos, como tú dijiste más de una vez, cuando el amor que nos tenemos hizo que respiráramos el propio egoísmo de nuestra expiación, mientras tu madre, como siempre, velaba por nosotros...

VIII

EL SUEÑO DEL PADRE

1

No tiene ningún sentido que un hombre se pierda en esa noche de marzo, cualquiera de los que vivimos la atrocidad de la jornada en la inmediatez urbana que conformaba el escenario de nuestros días, sabemos de sobra que en la contrapartida de las ausencias no quedaba otra cosa que el mayor desamparo, un vacío extremo en la vigilancia del dolor y en el respeto de la muerte, cuando todavía las señales no administraban todas las desapariciones.

2

Un hombre se pierde.

La razón de que sus pasos no cumplan el destino trivial de su regreso, después de dejar recogida a su hija como en tantas otras noches, no parece mínimamente comprensible, ya que en las extraordinarias y terribles circunstancias de esa noche no hay opciones para la trivialidad de un camino equivocado o el extravío de quien se sustrae a las referencias que ordenen los pasos que le permitan volver.

Dejó a su hija recogida, emprendió el camino a casa, la distancia de ambos domicilios, el de ella y el suyo, no permite los mismos deslizamientos que alargan o acortan, a veces caprichosamente y otras de forma penosa, la distancia de sus vidas. A un paso razonable, se puede llegar de un domicilio a otro en menos de una hora.

El esfuerzo de atajar esa distancia en la existencia de ambos no es medible de igual manera, en la mayor cercanía, hasta con el temblor de las manos de uno y otra sobre el mármol de una mesa donde acaba de derramarse un poco de leche, se hace tan costoso que el propio temblor es la mejor expresión de un temor que neutraliza el gesto, el movimiento, nada tan radical como la lejanía de esa inmediatez.

3

Dos vidas separadas, el corte irreconciliable que hace de la separación una imposibilidad que siempre se nutre de la incapacidad con que la distancia desarma a quienes ni siquiera son capaces de guiar ese brote interior de una misma emoción, que se enfría apenas emerge.

4

En este raro aprendizaje, que no es otro que el de la enfermedad, se establece el hábito de lo que vamos dejando de ser, ya que no hay conquistas para el orden de los sentimientos, los caminos desorientados o rotos que no conducen a ninguna parte, el día a día no se corresponde con alguna apropiación beneficiosa, lo poco que se gana se pierde en la siguiente mirada, el gesto airado o la indignación con que se reparte, como un botín sin dueño, la indignidad, sin que en ningún momento, apenas en el rapto de desesperanza o en la indiscriminación de las últimas lágrimas, siempre las mismas y siempre las postreras, el amor, la ternura, el cariño, no salpiquen lo que la rabia expande, por mucho que en la resolución con que un puño cerrado se estrella en la pared o en el propio mármol de otra mesa en la que no hay leche derramada, puedan escucharse las palabras más atroces, contenga la amenaza lo que el insulto no expresa.

5

Está perdido, parece absurdo pero así es.

La noche discurre entre la conmoción y el desvalimiento, se mantiene como una coraza de silencio y llanto que fortalece el vacío, lo que la destrucción se cobró, como si el eco de la misma estableciera la disolución de lo que la vida atesoraba en aquel instante, la extorsión, el secuestro de cuanto se guardara en lo más íntimo de cada uno, como si en ese límite secreto de lo que somos y compartimos hubiesen depositado la dinamita.

6

¿Quién podría moverse por la ciudad, en una noche como ésa...?

7

No vio a nadie, a nadie encontró.

Las sirenas sostenían el mismo vértigo con que las ambulancias incrementaban la velocidad y, sin embargo, también el vértigo sesgaba el eco de la noche sin que el silencio se rompiera, ya que la profundidad del vacío era infinita, ésa es también la constancia de quienes en esa noche trabajaron veloces y sigilosos como si en la acción no se precisaran las palabras, hasta el nombre de los desaparecidos y los muertos obtuvo apenas la discreción de un dolor musitado.

8

Se lo confesó a su hija algunos días después, también se lo dijo a su ex esposa con palabras menos precisas.

Ella no podría comprenderlo del todo, no parecía cabal que en aquella situación, cuando en una jornada tan terrible habían coincidido tantas cosas, y el requerimiento de la hija enferma pasase a un segundo término, él se hubiera perdido no con la indeterminación de quien no logra regresar a casa sino con la determinación de quien busca a quien acaba de dejar, como si de un extravío mental se tratase y no fuera el intento de volver lo que justificara su destino, sino la pretensión de encontrar a quien también pudiera ser una muerta entre los muertos.

9

Es lo que hice, confesó, y la hija pudo apreciar un desvío en la mirada, y un resplandor vidrioso que reflejaba el sueño del padre.

10

Perdido entre todos los que se perdieron.

No había camino de regreso, no era posible volver, los desaparecidos iban saldando la aparición entre los heridos y los muertos, como si en ese azar de la tragedia tuviese el destino una franja estrecha de resolución, casi siempre virada hacia la absoluta oscuridad, el fondo del túnel donde la esperanza se trunca definitivamente, y el hallazgo confirma la sospecha que en ningún momento nos abandonó.

11

Te busqué después de estar contigo, después de acudir a tu llamada y dejarte recogida en casa, sabiendo que el dolor de ese día había reconvertido la enfermedad en una herida diminuta que tan íntimamente administrábamos, casi en exclusiva entre nosotros tres: tú misma, que con tanta perturbación la padecías, tu madre y yo, aunque tampoco vamos a soslayar a quienes, a nuestro lado, velaban por nuestra pena, más preocupados que contristados, porque en la cercanía de los afectos hay un compromiso que se siente sin que las palabras tengan que expresarlo, no es preciso ni un gesto, la compañía resuelve lo necesario.

12

En esa noche, en ese extravío, vamos a rebajar la vicisitud de la pérdida y dejemos en su modesto sentido lo que Liceo padeció, no era un hombre perdido sino extraviado, la conciencia de la tragedia impulsó esa otra revelación del sufrimiento que era algo así como la consistencia de un sufrimiento universal, de un dolor sin fronteras en el que lo particular se borraba o asumía, o subsumía, en lo colectivo: el nombre de todos, el rostro común, lo que el cuerpo enfermo de mi hija enferma representa entre los heridos y los muertos, la piedad de haberla dejado en casa para que no mucho después, en cualquier instante de la noche, me la entreguen, y la descubra con su propia herida en la frente o el hedor de la pólvora que ella misma describió en la sima blanca.

13

Nima muerta, entre los muertos…

14

La mirada esquiva, el vidrio de las pastillas.

Ese hombre abatido que era su padre no dejaba de hablar y, sin embargo, sus palabras reconducían al mismo silencio helado en el que ella había estado inmersa las infinitas horas de aquel día y aquella noche de marzo, encarada al televisor que repetía las imágenes como una sucesión instantánea del horror y la quiebra, el espejo destrozado de sus ojos, lo que la llevaba en el viaje de un amanecer que también había hecho estallar el cielo de los trenes...

IX

UNA CARTA SIN FECHA

En más de una ocasión pensé escribirte.

No es raro que cuando alguien quiere decir algo, y siente que le resulta imposible hacerlo cara a cara, con la voz y las palabras que tanto se piensan y tan dudosas resultan luego en el reclamo, decida escribir una carta, aunque en mi caso, en nuestro caso, no dejaría de ser extraño.

Escribirte era el modo de decirte algo en la lejanía, la manera de decirlo como si hablando para ti lo hiciese para mí mismo y, al hacerlo, intentara contarte algunas de las cosas que más me cuestan.

Una carta, en alguien que habitualmente no las escribe, y ése es mi caso, es un esfuerzo que me llena de incertidumbre, aunque no puedo soslayar su necesidad, la inclinación de escribirla como si de un secreto sólo me pudiera liberar confesándolo, aunque no se trata de secretos, apenas de razones y emociones que nunca expreso cuando te veo, de las que no hablo por temor a que no desees escucharlas o por la incapacidad de hacerlo.

También me cuesta recurrir a escribirte, pensando en la extrañeza que ha de causarte recibir una carta mía, como si la decisión de enviarla certificara la lejanía que nos separa, pusiese en evidencia este extremo de nuestra relación que, poco a poco, o acaso desde siempre, marca esa contradicción de cercanía y distancia.

Hay un muro invisible que no limita los gestos cariñosos pero que hiela o impide determinadas palabras, que ha venido imposibilitando lo más profundo que se me ocurriera o que me gustara escucharte, y al decir lo más profundo me refiero a lo que no nos atrevemos, ya que en algunas conversaciones lo hemos hecho con libertad, casi hasta donde la reserva limita con el silencio.

La reserva es esta actitud que proviene de la discreción, en la que tanto nos parecemos, y a veces la discreción es como un falso respeto a uno mismo o una manera de evitar la naturalidad que nos haría más espontáneos, aunque acarrease el riesgo de la vehemencia o el exceso que nos avergüenza.

Te escribo con menos limitaciones pero no con todas y, además, según lo estoy haciendo, ya ves qué contradicción, no evito la idea de que la carta no te llegue, de acabar de escribirla y romperla o dejarla por ahí, oculta entre mis papeles.

La convicción de escribirte no acaba de avalar la convicción de contarte algunas de esas cosas que no me atrevo.

Una ficción me sirve a veces para hacerlo, pero una carta o un diario me llenan de zozobra, lo que quisiéramos contar de nosotros mismos para compartir el secreto de los demás, a modo de envío y requerimiento, evidencia esa desnudez que en la verdad desnuda de la confesión siempre me resulta patética o, en el mejor de los casos, afectada, como si la vergüenza ajena turbara la mirada del espía, del que se asoma a la intimidad de quien se perdió el respeto.

Ya ves con qué armas me dispongo a escribirte, exponiendo la contradicción de hacerlo, justificando inútilmente un envío que se resiente de la desconfianza, como si la carta fuese ese gesto final que ya no tiene contenido, el único que nos queda después de haber expresado los otros, un gesto en el vacío de nuestra imposibilidad, una señal de humo que pudiéramos descifrar desde la complicidad de nuestras precariedades afectivas, ya que de eso se trata, de la pobreza de nuestros afectos, de la menesterosa comprensión de nuestros sentimientos, una terrible fractura entre lo que un padre y una hija pudieran compartir.

Al menos, tras tanto rodeo, ya te he dicho algo.

No sé lo que compartimos, no se entiende muy bien que guardemos tantas cosas, que velemos tan ciegamente por ese raro tesoro donde podría hallarse el esplendor y la miseria de lo que somos, a lo mejor no hay esplendor ni miseria, lo bueno y lo malo, lo sucio y lo limpio, son extremos de igual condición, y no dejaría de ser absurdo el pesar por su reconocimiento, ya que de la futilidad y la fragilidad es fácil ser consciente, y no parece que sea el pagamiento de nosotros mismos lo que nos sirva de engaño.

También nos une el ánimo caído, esa propensión a percibir la vida como una rebaja y, al tiempo, el contraste de una emoción alterada, de un propósito desmedido, con el consiguiente declive.

La carta debiera permitirme decirte que no te entiendo, que no puedo comprender lo que te sucede, y que de todo lo que llevamos vivido tan cerca, y tan lejos, tan comprometidos y tan ajenos, lo que más me cuesta aceptar es esa sensación de riesgo inmediato que deriva de tu comportamiento y revela, nunca se sabe cómo y menos cuándo, cierta sensación de abismo a medio metro, una distancia de peligro y alerta por donde caminas sin que nada tenga otra constatación que el presentimiento.

El presentimiento no puede ser un avatar de la conducta y, sin embargo, parece que forma parte de la relación, como si de un dispositivo se tratase, quiero decir que, en este sentido, vivimos de adivinaciones o intuiciones que ya contienen el riesgo de su previsión, y del presentimiento hemos hecho una condición de lo que somos, como el vigía que va más allá de su vigilancia y alerta, el centinela que cobra el peligro de lo inminente, ya que el peligro parece el producto de su trabajo.

Hemos vivido vigilados y hasta, en algún momento, la conciencia de esa vigilancia ha desviado la manera más espontánea de mostrar nuestros afectos, sabiendo como bien sabemos que en ningún momento se resintió el cariño que nos tenemos, para no echar mano de algunas expresiones más solemnes, como el amor familiar, el padre y la madre que adoran a su hija, la hija que ama a sus padres, no somos precisamente una familia dada a los excesos sentimentales, pero hay un sentimiento hondo que nos une, las palabras parcas también muestran en este sentido nuestra discreción.

A lo que me refiero es a esa otra muestra indecisa que priva al gesto afectivo de su eficacia, no ya por la administración de nuestra forma de expresarnos sino por la vigilancia y la alerta. Es una rémora que no hemos sabido evitar, y hay muchas ocasiones que no olvido, momentos que tengo grabados como carencias dolorosas.

La carta me permite decírtelo, de palabra jamás me atrevería: te he mirado con inquietud, el presentimiento alimentó la reserva de una indicación cualquiera y, de pronto, sentí la necesidad de acercar mi mano a tu rostro, rozar la mejilla con los dedos, una caricia, tan poca cosa.

La previsión no era el gesto esquivo con que la recibieras, o algo improcedente que me pudieses decir, lo que has hecho en algunas ocasiones, sino lo inadecuado de mi gesto, pensar que en esa tensión vigilante la espontaneidad está desechada, y es una carencia que proporciona una forma muy sutil de sufrimiento.

No te entiendo y, al escribirlo de esta forma tajante, soy más consciente de mi incapacidad que de la incomprensión, quiero decir que la barrera de este impedimento es, en alguna proporción que no sabría medir, fruto de mi carencia y de mi desconocimiento, motivo también de alguna imposibilidad tuya de la que no sé siquiera si eres consciente.

Hay un secreto, ya lo sé, porque de algún modo hay que nombrar lo que permanece oculto o no se percibe o apenas se presiente, con las posibilidades de error que tienen los vaticinios, y la imagen del secreto es más sencilla que la del misterio, aunque también me atrevería a decirte, en la carta, no de palabra, que eres un ser misterioso, que fuiste una niña misteriosa y una adolescente misteriosa.

Extraña me gusta menos, lo misterioso contiene cierta aureola que resulta más justa, extraña me parecería una denominación menospreciadora, y en el límite de cualquier valoración que yo pudiera hacer de ti, desde tu inteligencia a tu sensibilidad, nada resultaría desdeñable, antes al contrario, eres un ser absolutamente extraordinario, y esto te lo he dicho más de una vez, no lo tengo que escribir.

Mi duda es si tu secreto te pertenece, si eres dueña de él, consciente de su pertenencia, y no sé si en su iluminación o hallazgo, si el secreto fuese un tesoro como en algunos cuentos de los que te conté de niña, estriba tu bienestar, la posibilidad de que al desvelarlo te encontrases mejor.

Esta carta termina con las mismas dudas con que comienza, la necesidad de decirte todo esto, la cobardía de callarlo, el falso respeto que me impide acercarme lo más profundamente a tu intimidad y dolor, la inquietud que es el sostén de esta soledad que tanto me atormenta, porque ése es, al fin, el resultado de esta situación que las palabras recomponen de un modo improbable, las palabras que tanto me gustan, que tanto uso y que tan inútilmente me acompañan.

La soledad se relaciona estrechamente con tu ausencia, no porque me faltes en la cercanía, aunque esté prácticamente incapacitado para acercar mi mano a tus mejillas y hacerte una caricia, sino porque la ausencia es como el cofre que preserva tu secreto, la distancia que irradia una especie de despedida que va alimentando la separación, un pájaro que vuela lejos y que parece irse sin ninguna voluntad de volver, una mirada que se apaga en la humedad del cristal, el sueño migratorio que no se cumple, porque ésa es la sensación más triste de todas, y la que con más frecuencia llena de congoja mis sueños: el adiós es un suspiro que resuena en el interior de mi alma, paralela a la tuya, haciendo de la soledad el eco del abandono...

X

EL DESIERTO

1

Nima despertó con la sensación, tantas veces repetida, de que no había dormido.

La conciencia del sueño estaba contaminada por la suciedad que secaba el paladar como si el polvo que el viento aventaba en el desierto de la noche le entrase en la boca.

Muchos de sus sueños contenían esa imagen desolada de un desierto por donde vagaba sin tregua, aunque en algunos momentos la percepción del oasis infundía la extraordinaria emoción, tan instantánea como radical, de la mayor felicidad, lo que acababa resultando un trance muy parecido al de sus insistentes frustraciones.

2

La vida de Nima, la enfermedad que no le gustaba nombrar y que no era otra cosa que su vida, ya que después de tantos años no resultaba fácil que el recuerdo se apoderara de otra propiedad que no fuese su vida enferma, estaba jalonada de frustraciones, conformada por una lucha de imposibilidades en la que cualquier proyecto, cualquier intención, conllevaba la derrota, como si en el empeño ya existiese el desánimo y el fracaso.

3

Un oasis, y en la misma percepción de la felicidad que se suscitaba con la propia imagen ilusoria de los oasis, un barro amargo de saliva y arena que, con frecuencia, a lo largo del día regresaba a su boca y la inclinaba a recurrir al alcohol, del mismo modo que en tantas otras ocasiones lo hacía por un impulso menos premeditado o una infundada necesidad que se correspondía con el uso de las pastillas.

4

No fue consciente de lo que la luz de la mañana descubría en la habitación desordenada.

En esos primeros momentos del despertar, la acumulación de lo soñado tenía la consistencia de la acumulación del vacío en la que otras veces abría los ojos, ya que entre las noches perturbadas por el sueño o la falta del mismo, se producía un efecto paralelo: el despertar la hacía dueña de un mismo patrimonio de ansiedad o angustia que ni siquiera modificaba la resaca cuando había bebido, ya que lo único que incrementaba el alcohol era el sabor amargo y un proceso más lento en la reconstrucción de la conciencia, mientras que el esfuerzo de ubicar todos los objetos que se acumulaban en el desorden de la habitación iba haciendo más confuso el resultado.

5

Esa mañana el desierto depositaba un temblor en el cuerpo aterido, ya que la desnudez de Nima no había encontrado el mínimo cobijo en las sábanas arrebujadas de una cama que llevaría no menos de quince días sin hacer.

El repaso del desorden fue más minucioso.

La habitación se correspondía perfectamente con el escenario de su mente en esos momentos en que la crisis dejaba los residuos como si se tratara de los desperdicios que no se recogen en el cubo de la basura.

La mente de Nima dibujaba ese utensilio que llevaba tanto tiempo sin usar y que le producía parecida aversión al agua turbia estancada en el fregadero que se había atascado días atrás. Las manos retenían una sensación de tibieza sucia que le recordaba la de alguna caricia indeseada en la piel de un bicho, cuando la niña que fue no logró que el grito expresara el terror, apenas la contracción de su estómago o el vuelco del corazón asustado.

6

Repitió muchas veces el esfuerzo de levantarse.

La casa desabrigada y polvorienta reprimía el intento.

El esfuerzo comenzaba a compensarse con la idea de que podría llegar a la cocina y recalentar el café, ya que el recuelo resultaba suficiente para aquella satisfacción del estómago, del mismo modo que una galleta dura o la cucharilla con que podría rebañar el fondo del tarro de mermelada...

7

Fue entonces, según caminaba por el pasillo evitando los cristales rotos de alguna botella, cuando escuchó el ruido del televisor que había quedado encendido y, al asomarse al salón, las imágenes de los trenes reventados chocaron en sus ojos, como si desde el interior de aquel túnel del sueño por el que regresaba perseguida por la arena del desierto un vértigo de acero la empujase hasta ese límite de las cercanías: la otra sima de la mañana de todos los muertos y heridos que ella acompañó desde la tribulación que reducía su enfermedad y su desgracia a esa inmediata soledad que nos reconduce a lo poco que somos, cuando el dolor es de tantos, como si en lo particular el sufrimiento restituyera su diminuto espacio y los ojos de Nima no despegaran la lágrima de su propia condolencia, el amargo sabor de la enfermedad y el desamparo, porque entre los cadáveres recogidos estaba su propia muerte, del mismo modo que estaba su propia enfermedad y su propia vida…

8

A Liceo tardó en encontrarle.

El teléfono sonaba en el vacío con que tantas otras llamadas pudieron resonar entre los cuerpos a quienes habían arrebatado cualquier respuesta. Esa insistencia de las llamadas en la incógnita de la desaparición producía un eco que también llenaba el vacío del desierto en que pudieran haber confluido otros sueños y otros despertares. Algunos oasis, tan frustrados como los de Nima o más prometedores y verdaderos, aguardaban en las líneas de la mañana que hacían de las vías un discurrir de tantas existencias y vicisitudes.

La angustia de Nima se sumaba a la necesidad de que su padre lograse de nuevo reconfortarla, aunque sólo fuera con la voz que repitiese su nombre.

No se trataba ahora de solicitar auxilio, apenas de compartir el llanto y la desolación que la embargaba ante el espejo de la pantalla del televisor, donde la imagen de los trenes permanecía inmóvil, como si la propia realidad se hubiese congelado.

9

Aurea no contestaba.

Hacía tiempo que Nima no hablaba con su madre y, sin embargo, al marcar casi inconscientemente el número de su teléfono, tuvo la sensación de que acababa de hacerlo y de que sus palabras tenían el amparo con que solía expresarse, la voz en que el afecto involucraba una férrea resistencia que apenas se diluía con el desánimo de los días peores.

Ella no solía fallarle, siempre parecía predispuesta como el vigía que jamás abandona el puesto, aunque ya no haya orden ni cometido...

10

La llamada perdida a su madre hizo que el desaliento de Nima recuperara la conciencia de la soledad y el desarraigo, el sentimiento de lo que esa conciencia horadaba en la postración que la enfermedad infundía como la condena a que Nima se había hecho acreedora.

Nada y nadie, decía algunas veces, y era un modo de constatar el egoísmo del sufrimiento, pero mientras las imágenes congeladas de los trenes repercutían en la mirada y abrían su interior por el conducto de tantos sueños paralelos en las vías que comprometían su propio destino y el de todos cuantos en la ciudad hubiesen despertado ese día de marzo, hizo el recorrido de lo que el dolor reclamaba, como si en el vagón donde había muerto, entre todos los muertos, existiera un instante para percibir en el espejo de la ventanilla, que sería lo primero en reventar, un rostro difuso que enmarcaba el ensimismamiento de todas las miradas, los ojos ajenos que eran los suyos, los sentimientos todavía dormidos, la soledad contagiada por el desarraigo del sueño, una voz, una palabra musitada, el nombre de la persona que más se quiere...

11

Fue entonces cuando se decidió a llamar al Doctor Cremades. No sabía si era el número de la Clínica o el del domicilio particular, a cualquiera de los dos recurría indistintamente y, como era habitual, en seguida obtuvo respuesta.

La voluntad es el único resorte de la curación, repetía insistente el Doctor. El enfermo es el ciego que para sanar lo primero que tiene que hacer es abrir los ojos…

Índice

Diseño: Gloria Gauger

Círculo de Lectores, S. A. (Sociedad Unipersonal)/
Galaxia Gutenberg
Travessera de Gràcia, 47-49, 08021 Barcelona
www.circulo.es
www.galaxiagutenberg.com
3 5 7 9 6 0 1 0 8 6 4

Depósito legal: B. 37078-2006
Impresión y encuadernación: Printer industria gráfica
N. II, Cuatro caminos s/n, 08620 Sant Vicenç dels Horts
Barcelona, 2006. Impreso en España
ISBN Círculo de Lectores: 84-672-2047-3
ISBN Galaxia Gutenberg: 84-8109-640-7
N.º 35899